LE BON DROIT EN TOUTES SAISONS

De la même autrice

Tout pour se défendre !, corédigé avec Olivier Cousi, Robert Laffont, 2021.

Se protéger, c'est gagner ! Robert Laffont, 2023.

SARAH SALDMANN

LE BON DROIT EN TOUTES SAISONS

Robert Laffont

ISBN : 978-2-221-27847-5
Dépôt légal : avril 2025
Éditions Robert Laffont – 92, avenue de France, 75013 Paris
info@lisez.com

À ma grand-mère

Recommandations

Les conseils proposés dans ce livre n'ont pas vocation à remplacer une consultation juridique auprès d'un avocat ou de tout autre professionnel du droit. Au regard de la diversité des situations, cet ouvrage ne peut en aucun cas se substituer à une expertise. J'ai seulement souhaité apporter des éléments de réponse aux difficultés de chacun, mais le lecteur est seul capable de déterminer si son dossier nécessite une étude approfondie et d'entreprendre, le cas échéant, les démarches nécessaires.

La matière juridique évolue continuellement. Certains exemples cités dans les pages qui vont suivre datent de plusieurs années, tandis que d'autres sont plus récents : il n'est donc pas conseillé de s'identifier intégralement aux situations citées. En effet, je rappelle que chaque cas est unique et nécessite une réponse spécifique. Seul un professionnel du droit est en mesure de déterminer la position à adopter face à un cas concret.

RECOMMANDATIONS

Les articles de loi cités en bibliographie ne sont en aucun cas exhaustifs, et sont cités tels qu'ils existent au moment de la rédaction de cet ouvrage, en 2025.

Introduction

Le droit est souvent perçu comme une discipline élitiste et complexe, alors même qu'il fait partie intégrante de notre quotidien. Qu'il s'agisse de questions privées, de décisions professionnelles ou d'échanges avec les institutions, nous sommes en effet immergés dans la matière juridique.

Confrontés à des situations pourtant anodines en apparence, nous avons tôt fait de nous sentir désarmés face à la complexité du droit, qui semble se déployer à l'infini sous l'œil du profane. Il existe cependant des moyens simples d'appréhender la matière juridique, et de s'en faire une alliée au lieu de la considérer comme un obstacle insurmontable.

L'objectif de ce livre est précisément de rendre le droit accessible. Pour ce faire, je me propose d'aborder différentes thématiques concrètes, comme autant de moments forts d'une année civile. Structuré par saisons, ce livre permettra, je l'espère, de scruter les grandes catégories juridiques qui rythment notre vie : Noël et les inévitables questions liées aux cadeaux et donations, la souscription de différents contrats en début d'année, la rentrée scolaire, le droit du travail ou encore les vacances d'été, aussi riches en voyages qu'en mariages… ou en divorces.

Au-delà des principes généraux du droit, cet ouvrage tend à répondre aux questions pratiques que chacun est amené à se poser au quotidien et offre des solutions dénuées de jargon juridique, applicables par tous. En adoptant les bons réflexes et en anticipant les situations sources de litiges, vous appréhenderez plus facilement votre parcours personnel et professionnel.

Comprendre le droit, c'est réagir face à l'imprévu. C'est aussi s'armer des connaissances pour faire valoir ses droits, éviter les écueils et prendre des décisions éclairées dans son propre intérêt. Que vous soyez confronté à une situation difficile, désireux de mieux maîtriser les aspects juridiques de votre vie quotidienne ou simplement curieux, ce livre vous accompagnera pas à pas dans l'exploration de nombreuses règles juridiques de base. Il n'a pas pour ambition d'épuiser chaque sujet dans toute sa complexité, ni de remplacer le travail d'un professionnel du droit – mais vous permettra d'avoir toujours un coup d'avance !

Hiver : Consolidez vos acquis et préparez l'avenir

Marquant à la fois la fin d'une année et le début d'une autre, l'hiver est une période charnière. C'est aussi un moment riche en traditions où de nouvelles décisions et résolutions sont prises.

Les mois de décembre, janvier et février sont festifs – ce qui implique, d'un point de vue juridique, de se pencher sur un certain nombre de thématiques liées à l'argent, en particulier les cadeaux et les donations. Tout geste altruiste a en effet des implications légales, qu'il convient de connaître afin d'anticiper les conflits. De nombreuses astuces vous seront dévoilées à ce sujet dans les pages qui vont suivre, du montant maximal que l'on peut transférer en étant exempté de droits de donation à la meilleure façon de gérer sa succession. À vous de tirer votre avantage de chaque configuration !

Seront ensuite abordées les thématiques liées à la souscription de nouveaux contrats. En janvier, mois des bonnes résolutions et des engagements, nous sommes nombreux à décider de déménager, à changer de mutuelle ou d'opérateur téléphonique, voire à modifier radicalement notre mode de vie. Or que l'on s'inscrive à une salle de sport ou que l'on effectue un investissement locatif, nous sommes concernés par les contrats. Là encore, il convient de maîtriser ses droits pour obtenir satisfaction dans chaque situation.

Savoir rompre un engagement juridique est aussi une compétence clé, surtout lorsque cela touche à nos ressources financières. En matière d'immobilier, par exemple, les normes qui régissent le marché du logement – et qui, avouons-le, ont une fâcheuse tendance à s'empiler – nous laissent parfois dans le flou, que l'on soit propriétaire ou locataire. Dans cette première partie, les situations problématiques les plus fréquentes sont décortiquées et accompagnées de solutions immédiatement applicables.

Noël : les cadeaux et les donations

Quel montant peut-on donner à ses enfants ou à ses petits-enfants sans être taxé ?

Il est courant de vouloir faire bénéficier ses descendants – enfants, petits-enfants – de son argent, tant que l'on est encore en vie. Qu'il s'agisse de les accompagner financièrement dans un projet immobilier ou seulement de leur faire plaisir, une question essentielle se pose : celle des droits et taxes à régler, qui rebutent parfois les âmes les plus généreuses. Il convient donc de connaître les seuils en vigueur afin d'évaluer au mieux la pertinence d'une potentielle donation.

En effet, en deçà d'un certain seuil, il est possible de donner de l'argent sans être soumis au paiement de droits. Tout parent peut ainsi verser à chacun de ses enfants la somme maximale de 100 000 euros, dans la limite d'une fois tous les quinze ans, sans être taxé[1]. Lorsque le bénéficiaire est un petit-enfant – notez qu'il doit être majeur ou émancipé –, ce plafond descend à

1. Article 779 du Code général des impôts.

31 865 euros tous les quinze ans[1], à condition que le donateur ait moins de 80 ans. En plus des exonérations susmentionnées, un abattement est appliqué en fonction du lien de parenté entre donateur et bénéficiaire : plus le rapport est distant, plus cet abattement est faible.

D'un point de vue administratif, si la donation concerne un bien immobilier, le concours d'un notaire est indispensable. Les autres donations doivent être déclarées aux impôts dans le mois qui suit le versement[2] : en cas de non-respect de cette règle, le donateur s'expose à des pénalités.

Jusqu'à quel seuil peut-on revendre ses cadeaux ?

Revendre des cadeaux de Noël vous semble indélicat ? Cette pratique est pourtant de plus en plus fréquente et, désormais, largement assumée. Dans le sillage des fêtes de fin d'année, les sites de revente en ligne regorgent de nouvelles offres. De nos jours, environ un Français sur deux se dit prêt à revendre un cadeau mal choisi. En cas de difficulté financière, cela constitue une source de revenus certes ponctuelle, mais non négligeable.

Sachez que la revente de biens personnels ne pose aucune difficulté lorsqu'elle est occasionnelle. En revanche, les choses se compliquent lorsqu'on cherche à en faire un « business », c'est-à-dire à acheter des

1. Article 790 B du Code général des impôts.
2. Article 635 A du Code général des impôts.

biens dans le but de les revendre de façon systématique. Une telle pratique est alors assimilable à une activité professionnelle, ce qui suppose de se mettre en règle en créant une société ou une microentreprise, et de déclarer ses revenus aux organismes concernés.

Lorsque vous vendez des vêtements ou d'autres objets sur des plateformes comme Vinted, Vestiaire Collective ou eBay, ayez en tête le seuil de 2 000 euros de recettes par an et pour moins de 30 transactions sur l'année[1]. Si vous dépassez ces seuils, les plateformes que vous utilisez seront tenues de transmettre les données qui vous concernent à l'administration fiscale, qui effectuera un contrôle si elle le juge utile.

10 000 euros, est-ce un cadeau ou une donation ?

Chacun a le droit d'offrir à un proche, pour son anniversaire ou pour Noël, une somme d'argent plutôt qu'un cadeau matériel. La valeur acceptable d'un « cadeau » varie cependant beaucoup d'une personne à l'autre : certains donneront 300 euros, tandis que d'autres seront prêts à engager des sommes beaucoup plus importantes. Dans le premier cas, le don ne pose aucune difficulté. Il s'agit bien d'un cadeau sur le plan juridique : on parle de « présent d'usage ». En revanche, prenons l'exemple d'une grand-mère qui souhaiterait offrir 10 000 euros à sa petite-fille. S'agit-il toujours d'un présent d'usage, auquel cas il n'est pas

1. « Revenus de plateformes collaboratives », www.impots.gouv.fr.

nécessaire de déclarer la transaction, ou bien d'une donation ? Précisons que, dans les deux cas, il ne doit pas y avoir de contrepartie offerte par le bénéficiaire en échange de la somme reçue.

En matière de montant, il n'existe pas de barème fixe : la réponse dépend surtout de la situation de l'offrant (ou du donateur). Si la somme versée semble disproportionnée au regard de ses ressources financières et l'appauvrit significativement, on penchera généralement pour une donation. Dans le cas contraire, on sera plus enclin à considérer qu'il s'agit d'un cadeau. La somme de 10 000 euros sera donc appréciée très différemment selon qu'elle est offerte par une personne au patrimoine important et aux revenus confortables, ou qu'elle provient d'une personne rémunérée au Smic. Un autre critère consiste à déterminer quand la somme a été versée : était-ce pour une occasion particulière, par exemple un anniversaire ou une remise de diplôme ? On présumera alors plus facilement qu'il s'agit d'un cadeau.

Rappelons que, contrairement au présent d'usage, la donation – qu'elle soit monétaire ou immobilière – nécessite l'intervention d'un notaire et le paiement de droits. Le montant de ces derniers, comme nous l'avons mentionné, varie en fonction du lien de parenté (plus le lien est distant, plus les droits sont élevés) mais aussi des éventuels abattements fiscaux applicables.

Peut-on déshériter ses enfants au profit d'une tierce personne ?

En France, sauf exception[1], il n'est pas permis de déshériter ses enfants ni de leur léguer une somme inférieure à la réserve héréditaire, qui désigne la part minimale revenant de plein droit à chaque héritier[2]. Le montant de la réserve dépend du nombre d'enfants qu'a eus le défunt : plus ils sont nombreux, moins elle est importante.

À cela s'ajoute une part dont chacun peut disposer librement dans son testament, et qu'on nomme la quotité disponible. Elle peut être attribuée à une personne autre que les enfants, voire extérieure à la famille. Il convient d'exprimer clairement ce souhait, par le biais d'un testament, avant son décès, afin d'éviter d'éventuels conflits ultérieurs. En revanche, si l'auteur du testament attribue à une tierce personne une somme dépassant la quotité disponible, les autres héritiers seront libres, à l'ouverture de la succession, d'intenter une action en réduction, et de démontrer que cela empiète sur leur part minimale[3].

En somme, il n'est donc pas possible, sauf exceptions, de déshériter ses enfants, mais on peut décider d'en avantager un par rapport aux autres, ou d'intégrer d'autres personnes à la succession.

1. Articles 726 et 727 du Code civil.
2. Article 912 du Code civil.
3. Article 920 du Code civil.

Peut-on donner une somme d'argent importante à un ami ou à un employé de maison ?

Offrir un présent d'usage à une personne sans lien de parenté ne pose de prime abord aucune difficulté, en particulier s'il s'agit d'une occasion particulière, par exemple un anniversaire. En revanche, dans le cas d'une vraie donation, sachez que la fiscalité est dissuasive. Votre ami ou employé de maison sera taxé à hauteur de 60 %[1]. Il est généralement plus pertinent de passer par une assurance-vie – le désavantage étant que la somme, en principe, ne sera touchée qu'au décès de la personne ayant souscrit l'assurance.

Comment anticiper sa succession ?

Après le décès d'un proche, les questions d'héritage sont souvent source de conflits, surtout lorsqu'il existe des tensions familiales préexistantes au décès. Le bon déroulement d'une succession dépend largement du degré d'anticipation mis en œuvre par le défunt : un manque de préparation aura immanquablement tendance à accroître les querelles entre les héritiers. Certains dossiers très médiatisés ont d'ailleurs mis en lumière la cruauté des différends familiaux. Il en va ainsi de la succession de Johnny Hallyday, mais aussi de celle d'Alain Delon. La différence entre les deux

1. Article 777 du Code général des impôts.

affaires est toutefois de taille : dans le premier cas, les conflits n'ont émergé qu'au décès de l'artiste, tandis que dans le second, des tensions existaient bien en amont. Concernant Johnny Hallyday, précisons qu'il ne résidait pas en France au moment de son décès, ce qui a contribué à complexifier le dossier.

Afin d'éviter ces tristes schémas, il convient d'anticiper. Mais encore faut-il disposer de l'entièreté de ses facultés cognitives ! Certaines personnes d'un âge avancé sont en effet incapables de rédiger un testament valable. Il peut alors être nécessaire de solliciter des mesures de protection comme la tutelle, la curatelle ou encore la sauvegarde de justice. Le pouvoir de décision, qui varie selon la mesure, est alors confié à un membre de la famille, ou, en cas de conflit familial généralisé, et sur décision du juge des tutelles, à une tierce personne afin de ne pas envenimer les choses. Dans l'affaire Alain Delon, l'acteur avait été placé sous curatelle renforcée pour une durée de cinq ans, quelques mois avant son décès[1].

Revenons au cas de figure le plus simple, où l'on souhaiterait organiser sa succession tout en étant encore en pleine possession de ses moyens. Il est alors judicieux d'informer ses héritiers des dispositions que l'on compte prendre. Cela leur épargnera un éventuel effet de surprise au moment du décès, susceptible de créer ou d'aggraver des querelles. Dans la même optique, il

1. « Alain Delon : l'acteur placé sous curatelle renforcée par un juge des tutelles », *Le Figaro*, 4 avril 2024.

est sage d'effectuer des donations de son vivant – une option intéressante pour qui désire réduire le montant des droits de succession tout en bénéficiant d'abattements fiscaux. Le contrat d'assurance-vie est lui aussi un outil pertinent. Enfin, quand la priorité est de protéger son conjoint, il est intéressant de faire évoluer son régime matrimonial, l'intervention d'un notaire étant alors nécessaire. Passer d'un régime de séparation de biens à un régime de communauté universelle permet entre autres de prévoir une clause d'attribution intégrale pour le conjoint survivant.

Faut-il une trace écrite quand on prête de l'argent à un proche ?

Prêter de l'argent à un membre de sa famille ou à une tierce personne est toujours possible, quelles que soient les motivations : aide à l'achat immobilier, soutien pendant les études, solidarité en période de difficulté financière… Il existe toutefois un seuil de 1 500 euros en deçà duquel il est certes recommandé, mais pas nécessaire, de rédiger un écrit. En cas de non-remboursement, toute preuve du prêt sera recevable, qu'il s'agisse d'une trace de virement ou d'un échange de SMS confirmant la transaction.

Lorsque le montant excède 1 500 euros, les parties sont en revanche tenues de rédiger un document[1], sur papier libre ou par le biais d'un acte authentique réalisé

1. Article 1359 du Code civil.

devant un notaire. Dans le premier cas, on veillera à mentionner clairement l'identité des deux personnes, la somme empruntée inscrite à la fois en chiffres et en toutes lettres, et le taux d'intérêt éventuel. Enfin, le document doit être entièrement rédigé, daté et signé par l'emprunteur.

Vous avez prêté une somme supérieure à 1 500 euros sans rédiger d'écrit, et vous désespérez d'être remboursé ? Sachez que certaines exceptions permettent d'agir en justice sans avoir à produire de preuve écrite du prêt[1]. Évoquons d'abord l'impossibilité morale et l'impossibilité matérielle[2]. La première couvre les cas où les protagonistes se sont abstenus de rédiger un document en raison de leurs liens amicaux, familiaux ou encore conjugaux : on présume alors qu'il existait entre eux une confiance suffisamment forte pour justifier cette décision. L'impossibilité matérielle, quant à elle, désigne une situation où les parties ne sont pas en mesure de produire l'écrit, par exemple lorsque celui-ci a été perdu. Si l'impossibilité morale ou matérielle est retenue, la preuve du prêt peut être apportée par tous les moyens, comme dans le cas d'un prêt inférieur à 1 500 euros. Sachez qu'une copie sera également recevable dans le cas où vous n'êtes plus en possession de l'écrit original.

---

1. Cour de cassation, 3e chambre civile, 7 janvier 1972, n°70-13.528 ; Cour de cassation, 1re chambre civile, 17 novembre 2011, n°10-17.128 ; Cour de cassation, 1re chambre civile, 6 décembre 1972, n°71-13.427.
2. Article 1360 du Code civil.

En cas de non-remboursement, la première chose à faire est bien entendu de réclamer la somme due au bénéficiaire du prêt. Sans réponse de sa part, on pourra le mettre en demeure. Enfin, en dernier recours, la seule issue sera la voie judiciaire, qui consiste à assigner la personne afin qu'elle honore ses engagements, preuve à l'appui.

Une dernière précision concernant les prêts supérieurs à 5 000 euros : l'emprunteur doit signaler la somme reçue dans sa déclaration de revenus[1].

Testament : dans quelles situations le contester ?

Un testament est un outil juridique permettant d'anticiper sa succession. Il rassemble les volontés qui trouveront à s'appliquer le jour du décès. L'idée d'en rédiger un vous fait froid dans le dos ? Il n'y a pourtant pas d'âge pour le faire, d'autant que le document est ensuite modifiable ou révocable à tout moment. En cas de coexistence entre plusieurs testaments, c'est le plus récent qui fait foi, tant que les conditions de validité sont respectées.

En France, plusieurs types de testaments sont recevables sur le plan juridique. Citons d'abord celui que l'on fait rédiger chez un notaire, testament « authentique » qui offre une grande sécurité, puisqu'un professionnel s'assure de sa validité[2]. Un tel document

1. Article 49 B du Code général des impôts.
2. Articles 969 et 971 du Code civil.

est donc très difficile à contester. Le second type de testament est celui que l'on rédige soi-même, à la main – et non à l'ordinateur. Il doit être daté, signé, et indiquer sans ambiguïté les volontés de l'auteur[1]. Dans l'hypothèse où ces conditions sont respectées, le testament a la même valeur que son équivalent rédigé avec le concours d'un notaire. Enfin, il existe une dernière catégorie : celle du testament dit « mystique », rédigé par la personne concernée ou par un tiers, et remis au notaire dans une enveloppe fermée, en présence de deux témoins. En France, il s'agit cependant d'une forme testamentaire beaucoup moins courante que les deux précédentes. Rappelons par ailleurs qu'un testament peut être international, notamment lorsque l'auteur possède plusieurs nationalités.

Quels sont les motifs valables de contestation d'un testament ? Évoquons d'abord les problèmes de forme : si une mention essentielle est manquante, par exemple la date ou la signature du défunt, le document perd sa valeur. Naturellement, le concours d'un notaire au moment de la rédaction permet d'éviter une telle situation.

L'insanité d'esprit est également un argument recevable[2]. Supposons que l'auteur du testament ait rédigé ses dernières volontés sans le discernement nécessaire, ou avec des capacités mentales altérées : en le

1. Article 970 du Code civil.
2. Article 901 du Code civil.

prouvant, on démontre que le testament est nul. Le vice du consentement, quant à lui, couvre les situations où le testateur écrit sous la contrainte : il va sans dire que cela justifie l'annulation du document. Là encore, l'hypothèse devra être étayée par des éléments de preuve[1].

Enfin, comme nous l'avons mentionné précédemment, chaque héritier du défunt a droit à une réserve héréditaire, autrement dit à une part minimale qui lui revient de droit. Tout testament ne respectant pas ce principe risque lui aussi d'être annulé. Je rappelle qu'en France, sauf rares exceptions, il n'est pas possible de déshériter ses enfants ni de leur donner moins que la part minimale[2] : les héritiers lésés pourraient alors intenter une action en réduction des dispositions testamentaires.

Retenez qu'en cas de volonté d'intenter une procédure dans le but de faire annuler un testament, il convient de saisir le tribunal judiciaire du lieu où la succession a été ouverte, dans un délai de cinq ans à compter de l'ouverture de la succession, ou du jour où l'on a découvert les faits justifiant l'annulation[3].

1. Articles 901 et 1130 du Code civil.
2. Article 912 du Code civil.
3. Article 2224 du Code civil.

Dons à des œuvres caritatives : quelle est la taxation applicable ? Comment repérer et éviter les arnaques ?

En France, donner à des œuvres caritatives permet sous certaines conditions de bénéficier d'avantages fiscaux. Tout d'abord, l'organisme ciblé doit être reconnu d'intérêt général ou d'utilité publique : cela signifie qu'il agit au profit du plus grand nombre – et pas d'un cercle restreint de personnes –, qu'il fait l'objet d'une gestion désintéressée, et ne se livre pas à des activités lucratives[1]. Une association ou une fondation reconnue d'utilité publique fait par ailleurs l'objet d'une déclaration par décret, après approbation par le Conseil d'État, et doit faire preuve d'une certaine stabilité financière, d'un fonctionnement transparent et d'un objectif dénué de volonté lucrative[2].

Toute somme versée à un organisme répondant aux conditions ci-dessus ouvre la voie à une réduction d'impôt de 66 % du montant du don, dans la limite de 20 % du revenu imposable du donateur. Dans l'hypothèse où les dons versés sont supérieurs à 20 % du revenu imposable, l'excédent peut être reporté sur les cinq années à venir. Lorsque le don est destiné à des organismes d'aide aux personnes en difficulté – par exemple le Secours populaire ou la Croix-Rouge française, pour

1. Les associations d'intérêt général doivent remplir les critères définis dans le Bulletin officiel des finances publiques (BOI), principalement le BOI-IR-RICI-250-10-10-20120912.

2. Loi du 1er juillet 1901 et décret du 16 août 1901.

n'en citer que deux –, la réduction d'impôt s'élève à 75 %, dans la limite de 1 000 euros (ce plafond étant susceptible de varier en fonction des années)[1]. Les personnes payant l'impôt sur la fortune immobilière (IFI) bénéficient elles aussi d'une réduction d'impôt concernant les dons faits à certains organismes, principalement des fondations reconnues d'utilité publique : cette réduction est de 75 % du montant du don, avec un plafond fixé à 50 000 euros[2].

Donner est un acte généreux et louable : hélas, certains cherchent à profiter de cette bonté en arnaquant les donateurs. Il convient donc de rester très vigilant afin de ne pas être victime d'une fraude. Le premier réflexe à adopter est de vérifier que l'association visée a un objet licite et conforme aux lois, qu'elle est d'utilité publique et publie annuellement ses comptes. En cas de doute, on pourra facilement vérifier le numéro SIRET de l'association ou consulter le Journal officiel.

D'autres signes doivent également alerter : en général, les demandes de dons urgents et le démarchage insistant relèvent de l'arnaque. Soyez particulièrement vigilants en ligne, et vérifiez que l'adresse du site de paiement est bien sécurisée (s'assurer notamment qu'elle commence par « https »). Si l'on vous démarche dans la rue, cherchez à vérifier que vos interlocuteurs sont vraiment des membres de l'association qu'ils prétendent défendre, et évitez de régler

1. Article 200 du Code général des impôts.
2. Article 978 du Code général des impôts.

sur place – mieux vaut prendre le temps de le faire chez vous.

Malgré ces précautions, il arrive que l'on soit victime d'une arnaque. La seule solution est alors de déposer plainte dans un commissariat ou dans une brigade de gendarmerie. Les contenus frauduleux identifiés en ligne pourront, quant à eux, être signalés sur la plateforme dédiée Pharos.

La nouvelle année
et la souscription de divers contrats

L'assurance protection juridique vaut-elle le coup ?

Souscrire un contrat d'assurance juridique permet, en cas de besoin, de bénéficier d'un accompagnement et de conseils juridiques. Les frais d'avocat et d'experts sont pris en charge selon les champs d'application et le barème retenus au moment de la souscription. Tous les frais ne sont donc pas systématiquement remboursés, mais la protection juridique reste un bon réflexe préventif : certains n'en auront jamais besoin, et d'autres se féliciteront d'avoir été prévoyants en cas de procédure.

Sachez que l'assurance ne peut contraindre l'assuré à choisir un avocat donné ni l'en dissuader. Elle se contente de proposer de l'aide, généralement sous la forme d'un avocat partenaire avec qui elle a l'habitude de travailler, et qui possède les compétences adéquates. La plupart des contrats d'assurance de protection juridique exigent par ailleurs que l'assuré obtienne l'accord explicite de son assureur avant d'engager une procédure. Ce dernier est alors en mesure de l'informer sur les frais pris en charge et ceux qui ne le sont pas. En revanche, certains assureurs font parfois de l'excès de zèle et réclament des documents couverts par le secret professionnel, comme la copie des échanges avec l'avocat : l'assuré est bien évidemment libre de refuser de les fournir.

Quoi qu'il en soit, avant de signer un contrat d'assurance protection juridique, il convient d'être vigilant sur les conditions générales et les plafonds de remboursement ainsi que sur le type de procédures prises en charge.

Comment payer un avocat quand on n'en a pas les moyens ?

Chacun d'entre nous, qu'il ait besoin de conseils juridiques ou qu'il souhaite engager une action contentieuse, est susceptible de recourir un jour aux services d'un avocat. Se pose alors la question des honoraires, et de la manière de les régler lorsque les revenus sont limités.

Précisons qu'en France, les avocats fixent librement leurs honoraires, en prenant néanmoins en compte certains critères comme la complexité du dossier, l'état de fortune du client ou encore leur propre notoriété. Cela explique que les honoraires pratiqués varient fortement d'un avocat à l'autre. Ils sont calculés sur la base d'un taux horaire ou d'un forfait, avec ou sans honoraires complémentaires de résultat. Quant à la première consultation, certains la facturent, d'autres non : là encore, chaque avocat est libre de s'organiser comme il l'entend. Par prudence, mieux vaut donc se renseigner sur les modalités de règlement avant le premier rendez-vous.

Les clients aux faibles ressources ont la possibilité d'avoir recours à l'aide juridictionnelle. Celle-ci s'applique en fonction de plusieurs paramètres, en particulier la composition du foyer fiscal, le revenu fiscal de référence ou encore le patrimoine mobilier et immobilier[1]. Elle peut être totale, auquel cas le bénéficiaire n'a aucun frais à régler, ou partielle, c'est-à-dire à hauteur de 25 % ou de 55 %, le reste des honoraires étant alors à la charge de la personne aidée.

Afin de bénéficier de l'aide juridictionnelle, il est nécessaire de remplir un dossier constitué d'un certain nombre de documents, imprimé en ligne ou retiré au bureau d'aide juridictionnelle présent dans les tribunaux judiciaires. Une fois complété et déposé dans ce même bureau, le dossier est accepté ou refusé – parfois, certains cas font l'objet d'une acceptation provisoire, par exemple lorsqu'il manque des documents mais que la situation présente un caractère d'urgence. En cas de refus, une contestation peut être formulée dans un délai de quinze jours à compter de la notification.

---

1. Décret n° 2020-1717 du 28 décembre 2020 portant application de la loi n° 91-647 du 10 juillet 1991 relative à l'aide juridique et relatif à l'aide juridictionnelle et à l'aide à l'intervention de l'avocat dans les procédures non juridictionnelles.

Celle-ci est à adresser par lettre recommandée avec accusé de réception au bureau d'aide juridictionnelle à l'origine de la décision rendue, et doit expliquer précisément en quoi le refus est infondé – par exemple en cas d'omission d'un élément clé du dossier[1].

Certains simulateurs en ligne très pratiques permettent de savoir en un clin d'œil où l'on se situe par rapport à l'accès à l'aide juridictionnelle : je recommande celui du site du service public, service-public.fr, qui est régulièrement actualisé. Quant aux applications d'intelligence artificielle qui prétendent remplacer l'aide d'un avocat, leur coût est certes très faible, mais sont-elles fiables ? Pour ma part, je recommande de s'en servir avec précaution sans pour autant les ignorer. La plupart des informations essentielles sont déjà accessibles en ligne et, en cas de situation complexe qui ne trouverait pas de solution immédiate sur Internet, des avocats délivrent des permanences juridiques gratuites dans les mairies destinées aux personnes à faibles revenus. Sans compter que les applications détruisent tout lien humain entre les justiciables et les professionnels du droit ! Elles proposent en outre des formules d'abonnement mensuel, que beaucoup de clients omettent de résilier et payent donc « dans le vide ». Quitte à investir, mieux vaut opter pour une protection efficace couvrant tout ou partie des frais en cas de difficulté juridique.

1. Loi n° 91-647 du 10 juillet 1991 relative à l'aide juridique.

Peut-on payer son avocat « en nature » ou en lui rendant service ?

Certains clients estiment que les honoraires pratiqués par leur avocat sont trop élevés. Ils imaginent alors des « solutions alternatives » parfois stupéfiantes d'inventivité : en échange d'un traitement gratuit de leur dossier, ils proposent à leur avocat de lui faire ses travaux, de lui offrir un objet de valeur... ou encore de lui faire livrer des pizzas ! Cet exemple m'a particulièrement marquée : cela s'est produit en 2014 ; un justiciable a rémunéré son avocat à raison de huit pizzas par mois pendant six mois[1].

Or non seulement les arrangements de ce type vont à l'encontre de la déontologie, mais ils posent également des problèmes en matière de fiscalité. Un avocat qui se fait payer en bijoux, en services ou en nourriture ne peut pas collecter ni reverser la TVA. Cela n'empêche pas certains clients d'offrir un petit cadeau à leur avocat lorsqu'ils sont contents du résultat de la procédure, mais, en pratique, il s'agit plus souvent d'un bouquet de fleurs ou d'une boîte de chocolats que d'une voiture de luxe – et cela n'a pas vocation à remplacer le paiement des honoraires.

Les choses sont donc claires : un avocat doit être payé en bonne et due forme, et sur émission d'une facture. Il peut soumettre en amont à son client une

1. Cour d'appel d'Aix-en-Provence, 6 janvier 2015, n° 14/07166.

convention d'honoraires détaillant les modalités de facturation, qu'il s'agisse d'un forfait ou d'un taux horaire, avec ou sans honoraire de résultat.

Si vous rencontrez des difficultés pour payer votre avocat, vérifiez d'abord votre statut au regard de l'aide juridictionnelle, et examinez dans quelle mesure une éventuelle assurance juridique peut couvrir vos frais. Par ailleurs, rien ne vous empêche de comparer les honoraires de plusieurs avocats avant de faire votre choix. Sachez enfin que les professionnels du droit ne sont certes pas obligés d'accepter les paiements en plusieurs fois, mais, en pratique, ils sont nombreux à le faire.

Pourquoi les avocats commis d'office n'ont-ils pas bonne réputation ?

Lorsqu'on souhaite contacter un avocat, plusieurs démarches sont possibles : se tourner vers un professionnel que l'on connaît déjà, demander des recommandations autour de soi, ou utiliser l'annuaire de l'ordre des avocats de votre ville. Se pose ensuite, comme nous l'avons vu, la question du montant des honoraires.

Mais qu'en est-il des fameux avocats commis d'office ? Force est de constater qu'ils ont plutôt mauvaise réputation et souffrent de nombreuses idées reçues, probablement véhiculées par des séries télévisées. Ils seraient forcément incompétents puisque gratuits, et généralement sans dossiers. En réalité, tous ces préjugés sont erronés… y compris celui sur la gratuité ! Un avocat commis d'office n'est gratuit que pour les justiciables bénéficiant de l'aide juridictionnelle totale. Cela dépend donc des revenus et du patrimoine de chacun – il existe, comme je l'ai mentionné, des simulateurs en ligne pour ceux qui souhaiteraient connaître leur situation à ce sujet.

Les avocats commis d'office ne sont par ailleurs pas moins compétents que leurs homologues désignés. Dans certains barreaux, comme celui de Paris, il est même très difficile de figurer sur les listes de commissions d'office, car cela nécessite une longue formation et la réussite d'un concours très sélectif.

La seule idée reçue contenant un fond de vérité concerne la rémunération : les avocats commis d'office payés au titre de l'aide juridictionnelle sont moins bien rémunérés que les avocats désignés, qui sont libres de fixer leurs honoraires. Prenons l'exemple d'une audience devant le tribunal correctionnel, à laquelle s'ajoutent un certain nombre de rendez-vous préalables avec la personne convoquée, la lecture et la préparation du dossier, ainsi que la rédaction des écritures : un avocat payé au titre de l'aide juridictionnelle percevra environ 250 euros pour la totalité de la procédure, audience comprise, dont la moitié environ sera reversée sous forme de charges (cotisations retraite, impôts, etc.).

Immobilier

Acheter un bien : quelles précautions (DPE, surface minimale) et quels recours en cas d'erreur ?

Au moment où vous lisez ces lignes, la législation concernant le diagnostic de performance énergétique (DPE) des biens immobiliers est en train d'évoluer. Plus que jamais, il convient donc d'être vigilant en réalisant un investissement. Le DPE est un indicateur officiel qui renseigne sur la performance énergétique et climatique d'un bien immobilier ou d'un bâtiment, et qui se situe sur une échelle allant de A à G – les deux dernières catégories, F et G, couvrant les logements considérés comme des « passoires thermiques », c'est-à-dire ceux qui consomment le plus d'énergie et/ou qui émettent le plus de gaz à effet de serre. Avant 2021, le DPE avait un but informatif ; aujourd'hui, il est pleinement opposable. Lors de la signature d'un contrat de vente ou de location, le score doit être explicitement mentionné. La réalisation du DPE se fait aux frais du propriétaire, le tarif étant non réglementé, donc variable.

Comme je l'ai mentionné, la réglementation qui entoure le DPE ne cesse d'évoluer, et devient de plus en plus contraignante pour les propriétaires. En effet, depuis le 1er janvier 2023, les logements classés G, c'est-à-dire ceux dont la consommation annuelle est supérieure à 450 kW/m^2, sont interdits à la location. À compter du 1er janvier 2028, cela concernera également les logements classés F, puis ceux classés E en 2034[1]. Les propriétaires devront donc effectuer de nombreux travaux afin d'obtenir au minimum un score D.

La surface minimale des logements est elle aussi encadrée. S'il est possible de vendre un bien immobilier quelle que soit sa superficie, il en va différemment en cas de location. S'imposent alors des critères dits de « décence » : la surface de la pièce à vivre doit être supérieure à 9 m^2 loi Carrez, et la hauteur sous plafond à 2,20 mètres[2]. On exclut du calcul toute salle de bains séparée ainsi que les éventuels cave, terrasse et garage. Précisons également que, contrairement à une idée reçue, il n'est pas possible de compenser une

1. Loi n° 2021-1104 du 22 août 2021 portant lutte contre le dérèglement climatique et renforcement de la résilience face à ses effets.

2. Décret n° 2002-120 du 30 janvier 2002 relatif aux caractéristiques du logement décent pris pour l'application de l'article 187 de la loi n° 2000-1208 du 13 décembre 2000 relative à la solidarité et au renouvellement urbains.

superficie de moins de 9 m^2 loi carrez par un volume total supérieur à 20 m^3[1].

Sachez enfin que, depuis le 1er avril 2019, certaines communes ont adopté le « permis de louer ». Ce dispositif a ensuite été étendu le 1er janvier 2024 à de nouvelles communes, avec pour objectif de lutter contre l'habitat indigne. Dans les zones concernées, tout propriétaire omettant de faire une demande de permis, ou louant son bien en dépit d'un refus, encourt une amende[2] pouvant aller jusqu'à 15 000 euros selon les circonstances[3]. Pensez à vérifier en ligne si votre ville est concernée.

Que faut-il savoir avant de contracter un crédit immobilier ? Peut-on se rétracter ?

L'acquisition d'un bien immobilier est, dans beaucoup de cas, financée avec l'aide d'un crédit. Le banquier qui accorde le prêt a alors plusieurs obligations, notamment celle d'informer et de conseiller son client au sujet des frais et des risques associés à la transaction[4]. La banque a également une obligation de mise en garde[5] : il lui incombe de vérifier que le crédit

1. Cour de cassation, civile, 3e chambre civile, 17 décembre 2015, n° 14-22 754.

2. Loi n° 2014-366 du 24 mars 2014 pour l'accès au logement et un urbanisme rénové.

3. Article L635-7 du Code de la construction et de l'habitation.

4. Article 313-1 du Code de la consommation.

5. Article 313-12 du Code de la consommation.

sollicité ne met pas le demandeur dans une situation financière difficile à cause de mensualités trop élevées. Afin de vérifier qu'un client est solvable, la banque lui réclame généralement différents documents permettant d'évaluer sa situation financière[1]. Cette obligation d'information vaut aussi pour l'assurance de l'emprunteur : celle-ci peut être librement choisie par lui, à condition qu'elle offre des garanties équivalentes à celle de l'assurance proposée par l'établissement bancaire[2].

En cas d'emprunt, soyez vigilant sur les taux appliqués, et ayez le réflexe de comparer les offres de différentes banques : vous pouvez tout à fait vous adresser à plusieurs établissements, puisque les frais de dossier ne seront facturés que si vous acceptez l'offre de prêt. Les simples simulations de crédit, quant à elles, sont gratuites.

Une fois les conditions du prêt établies, l'emprunteur dispose d'un délai de rétractation de dix jours, pendant lesquels il peut changer d'avis sans justification ni pénalité[3]. Ce délai commence à courir à la réception de l'offre de crédit, qui ne peut être signée qu'au terme des dix jours. Au moment de la signature, le banquier est tenu de rappeler au demandeur ses obligations, à savoir le respect du paiement des mensualités, mais aussi des frais de dossier ou encore de courtage.

1. Article 313-16 du Code de la consommation.
2. Article 313-30 du Code de la consommation.
3. Article 313-34 du Code de la consommation.

S'agissant des frais de dossier, sachez qu'il est possible de les négocier, même si la banque n'a aucune obligation de les réduire ni de les offrir. Vous avez cependant tout à gagner à essayer, surtout si vous êtes un client relativement ancien : certains établissements bancaires consentent des gestes commerciaux afin de fidéliser les consommateurs.

Propriétaires, locataires : quel encadrement des loyers ?

Dans un contrat de location doivent figurer certaines mentions obligatoires, notamment le montant du loyer hors charges, ainsi que les charges mensuelles. Dans le cas d'un bail d'habitation privé, le propriétaire fixe en principe librement le loyer. Cependant, dans certaines « zones tendues », où la demande est très forte, un encadrement des loyers trouve à s'appliquer[1]. Il existe d'ailleurs des villes – c'est le cas de Paris, Lille ou encore Lyon – où les dispositions sont particulièrement strictes. La première chose à faire, lorsqu'on souhaite louer un logement, consiste donc à vérifier si la zone de recherche concernée est soumise à l'encadrement des loyers : je recommande sur ce point l'utilisation du site service-public.fr. Notez cependant que, même en zone tendue, certains logements échappent à la règle : c'est par exemple le cas, de ceux soumis à la loi de 1948.

1. Loi n° 2018-1021 du 23 novembre 2018 portant évolution du logement, de l'aménagement et du numérique.

Reste qu'en France, les loyers sont le plus souvent plafonnés, et que le plafond varie en fonction de la localisation du bien. Le calcul est effectué de la manière suivante : à chaque zone correspond un « indice maximal », qu'il faut multiplier par la surface habitable du bien afin de connaître le montant à ne pas dépasser. Par exemple, un studio de 16 m² dans le nord du XVIe arrondissement de Paris sera loué au prix maximal de 627,20 euros mensuels hors charges, l'indice correspondant au « loyer de référence majoré » étant ici de 39,20 euros par mètre carré.

Pour autant, de très nombreux propriétaires ne respectent aucunement l'encadrement des loyers : selon une étude menée en 2022, 31 % des annonces de biens en location à Paris et en Seine-Saint-Denis afficheraient un loyer dépassant le montant maximal autorisé[1]. En cas de non-respect de l'encadrement, la première solution qui s'offre au locataire consiste à informer son propriétaire de la situation par courrier recommandé avec accusé de réception, en lui rappelant le loyer maximal applicable au logement. En l'absence de réponse, il est possible d'effectuer un recours.

Peut-on prévoir un « complément de loyer » ?

Dans les zones soumises à l'encadrement des loyers, les propriétaires sont tenus de respecter les barèmes

1. « Encadrement des loyers : propriétaires, ce que vous risquez si vous ne respectez pas la loi », *Capital*, 2 octobre 2023.

fixés. Le plafond s'obtient, comme nous l'avons vu, en multipliant la surface habitable par l'indice maximal en vigueur dans la zone en question. Précisions qu'il existe également un indice minimal, ainsi qu'un indice de référence : l'encadrement se fait donc au moyen d'une fourchette.

Toutefois, un complément de loyer s'ajoute dans certaines situations, permettant au propriétaire de fixer un loyer dépassant le montant maximal prévu. Dans les faits, cette mesure exceptionnelle concerne les baux signés après une certaine date, qui varie légèrement selon les villes – à titre d'exemple, juillet 2019 à Paris et juillet 2022 à Bordeaux[1]. Le logement doit disposer de caractéristiques de confort exceptionnelles ou d'une localisation particulière, et ne répondre à aucun des critères suivants : des sanitaires sur le palier, un score de DPE égal à F ou à G, un vis-à-vis de moins de 10 mètres, ou encore la présence de signes d'humidité sur les murs.

Lorsqu'il s'applique, le complément de loyer doit explicitement être mentionné dans le bail, au même titre que les caractéristiques du logement qui le justifient. Il peut s'agir d'équipements de luxe dans une location meublée, d'une vue sur un monument, d'une grande terrasse… En théorie, le montant du complément de loyer est librement fixé par le propriétaire

1. Arrêté du 20 juin 2022 fixant les loyers de référence, les loyers de référence majorés et les loyers de référence minorés dans la commune de Bordeaux.

mais, dans les faits, il doit rester « raisonnable ». Par exemple, un complément qui doublerait le montant mensuel payé par le locataire serait abusif.

Un locataire qui souhaite contester la légitimité d'un complément de loyer réclamé par son propriétaire pourra s'adresser à la commission départementale de conciliation (CDC), dans un délai de trois mois à compter de la date de signature du contrat de location. Le propriétaire devra alors démontrer que le complément est justifié, en présentant une ou plusieurs caractéristiques exceptionnelles du logement. En cas de désaccord persistant, le locataire dispose d'un nouveau délai de trois mois à compter de la réception de l'avis de la commission départementale de conciliation pour saisir le juge des contentieux de la protection[1]. Celui-ci devra trancher et, le cas échéant, diminuer ou annuler le complément de loyer. Cela dit, en pratique, il est plutôt rare qu'un locataire se lance dans un tel périple de contestation ! D'une part, beaucoup de gens ne connaissent pas l'existence de cette procédure ; d'autre part, les personnes mécontentes du montant de leur loyer ont tendance à chercher un autre logement plutôt qu'à intenter une action contentieuse.

1. Article 140 de la loi n° 2018-1021 du 23 novembre 2018 portant évolution du logement, de l'aménagement et du numérique.

Travaux : qui doit les financer, le locataire ou le propriétaire ?

Tout propriétaire a l'obligation d'assurer la décence du logement qu'il propose en location[1]. Hélas, en pratique, certains louent parfois des logements indécents, qu'il s'agisse d'une superficie insuffisante (on parle alors de « marchands de sommeil ») ou de la vétusté des lieux. À cause de la pénurie actuelle de logements, beaucoup de locataires n'osent pas demander à leur propriétaire de respecter les règles : on arrive ainsi parfois à des situations dramatiques, où des individus vivent dans de véritables taudis.

Par travaux, j'entends ici toute intervention ou réparation ayant pour but de maintenir dans un état décent un bien proposé en location. Il convient toutefois de distinguer différents types de travaux : en effet, selon leur nature, il reviendra au locataire ou au propriétaire de régler la facture. En cas de travaux de grande envergure, par exemple une rénovation énergétique, une toiture à réparer ou une remise en état complète du logement, les frais sont imputables au propriétaire. Au contraire, les « petites » réparations, qu'il s'agisse de changer un joint, une prise électrique ou d'entretenir le sol, sont à la charge du locataire[2]. Il faut donc

1. Article 6 de la loi du 6 juillet 1989 tendant à améliorer les rapports locatifs et portant modification de la loi n°86-1290 du 23 décembre 1986.

2. Décret n° 87-712 du 26 août 1987 pris en application de l'article 7 de la loi n° 86-1290 du 23 décembre 1986 tendant à favoriser l'investissement

examiner chaque intervention au cas par cas ; en cas de doute, il est recommandé aux locataires de toujours demander à leur propriétaire s'il accepte de prendre en charge la dépense envisagée.

Punaises de lit : qui doit payer la désinfestation, le propriétaire ou le locataire ?

En France, depuis plusieurs années, de plus en plus de foyers sont infestés par les punaises de lit. En juillet 2023, un rapport de l'Agence nationale de sécurité sanitaire de l'alimentation, de l'environnement et du travail a indiqué que plus d'un foyer français sur 10 avait déjà été concerné par ce type d'invasion[1]. La prolifération des punaises est très rapide et leur détection prend parfois du temps, si bien que l'éradication est difficile en plus d'être onéreuse. En effet, il faut souvent plusieurs tentatives pour en venir à bout, avec un budget moyen de 880 euros[2]. Lorsqu'on est locataire, il est alors légitime de se demander à qui il revient d'assumer cette dépense.

Supposons d'abord que le locataire découvre la présence de nuisibles dans son logement juste après son emménagement. Dans ce cas, la dépense incombe

---

locatif, l'accession à la propriété de logements sociaux et le développement de l'offre foncière et relatif aux réparations locatives.

1. Clément Machecourt, « Punaises de lit : y en a-t-il plus qu'avant ? », *Le Point*, 27 septembre 2023.

2. « Punaises de lit : des conséquences sur le budget et la qualité de vie des Français », www.anses.fr, 19 juillet 2023.

plutôt au propriétaire, qui a manqué à son devoir de fournir un logement décent. C'est notamment le cas si les insectes proviennent des parties communes de l'immeuble. À l'inverse, si les punaises prolifèrent après l'installation du locataire, celui-ci devra prendre en charge le coût de l'éradication – sauf s'il parvient à prouver que la présence des insectes était préexistante à son entrée dans les lieux.

Dans tous les cas, il est recommandé d'informer son propriétaire aussitôt que l'on découvre la présence de punaises chez soi, de préférence par écrit, et de réagir rapidement afin d'éviter une prolifération trop importante.

Le propriétaire a-t-il le droit de garder un double des clés ?

Contrairement à une idée répandue, un propriétaire qui met son bien immobilier en location n'est pas tenu de remettre l'ensemble des jeux de clés au locataire : il peut en conserver un. Il n'a cependant pas le droit d'accéder au logement sans l'autorisation du locataire, même s'il en est propriétaire. En entrant sans autorisation, il s'expose à des sanctions pénales pour violation de domicile, un délit réprimé par une peine allant jusqu'à trois ans d'emprisonnement et 45 000 euros d'amende[1].

1. Article 226-4 du Code pénal.

Il existe néanmoins une exception à cette règle : un propriétaire a le droit d'entrer chez son locataire pour y faire effectuer des travaux. Cela ne concerne que certains types de travaux, notamment ceux qui visent le maintien en l'état et l'entretien normal du logement, l'amélioration des parties communes ou privatives de l'immeuble, ou encore l'amélioration de la performance énergétique[1]. Même dans ce cas de figure, le propriétaire doit toutefois informer son locataire de la tenue des travaux par un courrier remis en main propre ou envoyé par lettre recommandée avec accusé de réception. Le document doit mentionner clairement la durée et la nature de l'intervention : si celle-ci dure plus de vingt et un jours, le locataire bénéficie généralement d'une indemnisation sous la forme d'une réduction du montant du loyer. Dans l'hypothèse où les travaux rendraient le logement inhabitable pour une longue durée, il pourra demander la résiliation du bail[2].

Une autre exception veut que le propriétaire puisse également entrer dans le logement afin d'effectuer des visites pour relouer ou vendre celui-ci. Ces visites ne peuvent pas être d'une durée supérieure à deux heures ; par ailleurs, quels que soient le jour et l'horaire convenu, le propriétaire doit

1. Article 7 de la loi n° 89-462 du 6 juillet 1989 tendant à améliorer les rapports locatifs et portant modification de la loi n° 86-1290 du 23 décembre 1986.

2. Article 1724 du Code civil.

toujours recueillir l'accord du locataire en amont[1]. En cas de refus, le propriétaire a la possibilité de saisir la justice pour contraindre le locataire à lui donner accès au bien, et lui demandera éventuellement des dommages-intérêts ; mais tant qu'un jugement n'a pas été rendu, il ne peut outrepasser le refus et s'introduire dans le logement sans l'accord du locataire.

Précisons toutefois qu'à son emménagement, le locataire a tout à fait le droit de changer la serrure, tant qu'il fait réinstaller celle d'origine avant son départ. Généralement, les frais sont alors à sa charge, le bailleur n'ayant aucun intérêt à financer une telle opération.

Mon propriétaire peut-il m'empêcher de fumer ?

Quand bien même la fumée de cigarette abîmerait les murs ou laisserait une odeur dans le logement, le locataire est libre de fumer chez lui, et ce, même si son propriétaire lui enjoint de ne pas le faire. Dans un contrat de location, toute clause interdisant la consommation de cigarette serait d'ailleurs considérée comme abusive ; en revanche, il n'en va pas de même pour les parties communes d'un immeuble, par exemple la cage d'escalier.

---

1. Article 4 de la loi n° 89-462 du 6 juillet 1989 tendant à améliorer les rapports locatifs et portant modification de la loi n° 86-1290 du 23 décembre 1986.

Dans le cas où la fumée occasionne une réelle dégradation du logement – jaunissement des murs, traces de cendres visibles –, le locataire est tenu de restaurer les espaces concernés, au risque de ne pas se voir restituer son dépôt de garantie, puisque l'état des lieux de sortie ne sera pas identique à l'état des lieux d'entrée. Si la fumée gêne les voisins, ceux-ci pourront par ailleurs se plaindre d'un trouble anormal du voisinage pour nuisance olfactive.

Je précise que des règles différentes s'appliquent aux locations meublées de courte durée : les propriétaires de ce type de bien interdisent souvent aux saisonniers de fumer en intérieur sous peine de sanction financière, et sont dans leur droit.

Mon propriétaire peut-il m'empêcher d'avoir un animal de compagnie ?

En France, un foyer sur deux accueille un animal de compagnie, majoritairement des chiens et des chats. Cela ne pose aucune difficulté lorsqu'on est propriétaire de son logement, mais qu'en est-il en cas de location ? Lorsqu'on visite un logement avec l'intention de le louer, rien n'oblige à mentionner que l'on possède un animal qui occupera aussi les lieux. Or certains le font spontanément, ce qui rebute parfois les propriétaires qui craignent d'éventuelles dégradations et nuisances.

La loi est très claire sur le sujet : un propriétaire n'a pas le droit de refuser un locataire pour la seule raison qu'il possède un animal de compagnie[1]. Il existe bien des restrictions concernant les chiens d'attaque de première catégorie, comme les pitbulls, et certains « nouveaux animaux de compagnie » (NAC) potentiellement dangereux, mais cela reste exceptionnel. En pratique, le propriétaire n'a pas besoin d'être informé que son locataire vit avec un animal, à moins que les voisins ne s'en plaignent. Comme en ce qui concerne la cigarette, une clause d'interdiction à ce sujet dans le contrat de location sera considérée comme abusive, et le locataire n'a pas à craindre de voir son bail résilié parce qu'il aurait acheté ou adopté un animal pendant la durée de la location. En revanche, dans le cas d'une location saisonnière, il est tout à fait possible d'interdire aux occupants de venir avec leurs animaux.

Suis-je obligé de souscrire une assurance habitation ? Quels sont les risques si je ne le fais pas ?

Lorsqu'on loue un logement, on a l'obligation de souscrire une assurance, et de justifier de celle-ci lors de la remise des clés. Le bailleur demandera éventuellement à voir un justificatif à jour chaque année[2]. En

1. Article 10 de la loi n° 70-598 du 9 juillet 1970 modifiant et complétant la loi du 1er septembre 1948 portant modification et codification de la législation relative aux rapports des bailleurs et locataires ou occupants de locaux d'habitation ou à usage professionnel.

2. Article 4 de la loi n° 89-462 du 6 juillet 1989 tendant à améliorer les rapports locatifs et portant modification de la loi n° 86-1290 du 23 décembre 1986.

cas de refus de souscription, le bailleur peut mettre le locataire en demeure d'obtempérer, voire souscrire une assurance à sa place et lui en faire supporter le coût ; une autre option consiste à résilier le bail par le biais d'une clause résolutoire prévue dans le contrat.

Dans les faits, la non-souscription d'une assurance habitation résulte plus souvent d'une négligence de la part du locataire que d'un refus. Or, en cas de sinistre et à défaut d'être couvert, ce dernier sera personnellement responsable du financement des réparations, qui atteignent des montants parfois astronomiques dans le cas d'un incendie ou d'une inondation. Il est donc extrêmement risqué de ne pas souscrire d'assurance. Afin de réduire les coûts, mieux vaut effectuer un comparatif des offres de différentes compagnies d'assurances et ne souscrire que la formule standard.

Faut-il être de la même famille pour acheter un bien ensemble ?

Lors de l'achat commun d'un bien immobilier, certains se demandent tout naturellement s'il est nécessaire d'être mariés pour signer ensemble l'acte de vente. Or en France, rien n'impose de justifier d'un lien familial : des amis ou des associés sont libres d'effectuer ensemble un investissement de ce type.

Rappelons qu'en matière d'immobilier, plusieurs solutions s'offrent aux acheteurs. La formule la mieux connue, qui est aussi la plus simple à mettre en place, est l'indivision : dans cette configuration, chaque partie est propriétaire du bien à hauteur de son apport financier, les parts n'étant pas nécessairement équivalentes. Ainsi, l'un des acheteurs peut apporter 20 % et l'autre 80 %, tant que cette répartition figure explicitement dans l'acte de vente. En cas de conflit, une sortie de l'indivision est souvent envisagée[1], et la question du rachat de la part de l'indivisaire sortant se pose. À défaut, le bien sera généralement remis en vente.

Certains préfèrent passer par l'intermédiaire d'une société civile immobilière (SCI). Les associés détiennent alors des parts sociales. La création d'une SCI a un coût plus important que l'indivision, notamment des frais de notaire relatifs à la rédaction des statuts. Elle permet en outre moins de flexibilité.

Quoi qu'il en soit, sachez qu'il n'est donc pas nécessaire d'être mariés, pacsés ni de la même famille pour acquérir ensemble un bien immobilier. L'obtention d'un crédit bancaire, en revanche, est parfois facilitée quand les futurs acquéreurs partagent un lien plus important que le simple concubinage ou l'amitié.

Achat et vente d'un bien : peut-on engager la responsabilité du notaire ?

Lors de la vente ou de l'achat d'un bien immobilier, il est nécessaire d'être accompagné par un notaire. Or il arrive qu'une fois la transaction achevée, le client

1. Article 815 du Code civil.

se sente lésé : s'il estime que le notaire a commis une faute et que cela a engendré un préjudice, la question de la responsabilité se pose.

Rappelons que le notaire a envers ses clients un devoir de conseil et d'information, et qu'à ce titre, il doit renseigner toutes les parties sur leurs obligations et sur les implications juridiques de l'acte qu'elles s'apprêtent à signer. Ainsi, omettre de signaler la présence de vices cachés ou de mentionner le statut de copropriété du bien correspond à un manquement. De même, lorsque la surface du bien n'est pas suffisante pour en assurer la décence, l'acquéreur doit être prévenu qu'il ne pourra pas mettre celui-ci en location ; à défaut, il considérera à juste titre avoir subi un préjudice, surtout dans l'hypothèse d'un investissement locatif.

Le notaire a par ailleurs un devoir de vérification. Cela signifie qu'il lui revient d'éclaircir des points essentiels comme l'origine du titre de propriété ou encore les autorisations d'urbanisme. Dès lors, s'il a commis une faute ou oublié une démarche importante, engendrant un préjudice, le client envisagera d'engager sa responsabilité. Dans un premier temps, il s'agira d'adresser au notaire et à son assureur un courrier relatant les faits : l'assurance responsabilité civile professionnelle du notaire couvre certaines erreurs, à condition qu'elles aient été commises par négligence et pas de manière intentionnelle. Cependant, ce type d'issue amiable ne fonctionne pas toujours. Reste alors à saisir le tribunal de proximité pour un préjudice inférieur à 10 000 euros, ou le tribunal judiciaire pour un préjudice égal ou supérieur à cette somme. Le client dispose d'un délai de cinq ans à compter du jour où les faits ayant causé son préjudice ont été découverts[1]. Si le notaire n'a pas respecté les règles inhérentes à sa profession, la juridiction disciplinaire des notaires peut aussi être saisie.

Dans certaines situations plus graves, le client soupçonne son notaire d'avoir commis une infraction pénale : abus de confiance, faux et usage de faux, recel... La solution consiste en un dépôt de plainte, à condition de fournir des éléments de preuve. Il est recommandé de se tourner vers un avocat afin d'étudier toutes les solutions.

Locataires : quels sont les documents qu'un propriétaire est en droit de demander ?

La pénurie actuelle de logements et la forte demande du côté des locataires impliquent, surtout dans les grandes villes, qu'une multitude de dossiers soient déposés pour chaque bien proposé en location. Afin de se démarquer, les candidats misent bien sûr sur leurs revenus et ceux de leurs éventuels garants, mais sont tentés de céder en sus aux autres demandes des propriétaires, aussi farfelues et injustifiées soient-elles.

Lorsqu'on loue un logement, il est habituel de fournir au bailleur un certain nombre d'informations, que

1. Article 2224 du Code civil.

celui-ci réclame afin de se prémunir des impayés : copie d'une pièce d'identité, relevés d'imposition, fiches de paie, justificatif de domicile… ces documents ont tout à fait leur place dans un dossier. Hélas, les propriétaires exigent parfois des pièces justificatives qu'ils ne sont pourtant pas autorisés à demander, comme une lettre de motivation ou encore un compte rendu d'examen médical ! Il arrive que des candidats à la location transmettent d'eux-mêmes des documents complémentaires, par exemple un CV, afin d'attester de leur sérieux : tant que l'envoi est spontané, cela ne pose pas de problème, mais la demande ne doit pas émaner du bailleur.

La liste officielle des documents « autorisés » constituant un dossier de location complet est fixée par décret[1]. Les propriétaires sollicitant des documents n'y figurant pas sont passibles d'une amende allant jusqu'à 3 000 euros pour une personne physique, et 15 000 euros pour une personne morale. Cette amende peut être infligée au plus tard un an après la constatation des faits[2].

1. Décret n° 2015-1437 du 5 novembre 2015 fixant la liste des pièces justificatives pouvant être demandées au candidat à la location et à sa caution.

2. Article 22-2 de la loi n° 89-462 du 6 juillet 1989 tendant à améliorer les rapports locatifs et portant modification de la loi n° 86-1290 du 23 décembre 1986.

Falsifier son dossier pour obtenir un logement : une pratique fréquente et peu risquée[1] *?*

La falsification d'un dossier de location dans le but d'obtenir un logement est une pratique plus répandue qu'il n'y paraît. Les futurs locataires prêts à prendre ce risque sont d'autant plus nombreux que l'actuelle crise du logement va en s'aggravant. Selon une étude menée en 2023, 23 % des dossiers constitués en région parisienne contiendraient des documents falsifiés, une proportion qui descend néanmoins à 12,1 % en province[2]. Un écart qui n'a rien d'étonnant, la concurrence étant plus rude dans la capitale.

Bien souvent, les personnes qui falsifient leur dossier ne le font pas spontanément, mais s'y résolvent après avoir essuyé de multiples refus, et faute d'avoir réussi à louer un logement de façon honnête. Dans les faits, la falsification revêt des formes diverses : certains fournissent de vrais documents tout en modifiant les montants indiqués – une pratique qui concerne surtout les fiches de paie et les avis d'imposition –, quand d'autres vont jusqu'à créer de toutes pièces un contrat de travail à durée indéterminée.

Parfois encore, la fraude porte sur la façon dont les candidats comptent occuper le logement : de simples amis peuvent s'inventer un lien familial afin de rassurer

1. Ce sujet est abordé dans mon précédent ouvrage *Se protéger, c'est gagner* (Robert Laffont, 2023) ; les chiffres sont ici mis à jour.

2. Étude réalisée par Imodirect.

le propriétaire, ou se dire en couple alors qu'ils souhaitent former une colocation classique. Il arrive aussi qu'une personne cherchant à se loger seule demande à un proche de signer avec elle un bail solidaire, les propriétaires étant prompts à se méfier de la capacité d'un unique locataire à régler le montant total du loyer. Dans ce cas, un risque important pèse sur le « faux » locataire : en cas d'impayés, il sera responsable alors qu'il n'habite pas réellement dans le bien immobilier.

De nos jours, les agences immobilières savent généralement repérer les faux avis d'imposition grâce au numéro d'identification qui y figure. Les autres documents, en revanche, sont plus difficiles à authentifier. En pratique, un candidat soumettant des pièces falsifiées prend peu de risques : si la supercherie est découverte, son profil sera simplement écarté, sans poursuites pour faux et usage de faux. La sanction maximale concernant cette infraction – trois ans d'emprisonnement et 45 000 euros d'amende[1] – est par ailleurs assez théorique. Cela explique que les faux dossiers soient monnaie courante, notamment dans les zones tendues.

Cela dit, lorsqu'un locataire a obtenu son logement par la fraude, il a plutôt intérêt à payer en temps et en heure : le propriétaire, découvrant non seulement que les loyers ne sont pas versés, mais aussi que le dossier d'origine contenait de faux documents, agira bien entendu pour impayés ainsi que pour faux et usage de

1. Article 441-1 du Code pénal.

faux. De manière générale, les procès pour faux documents sont donc souvent le résultat d'un autre litige. La moindre des choses, quand on triche, est d'être par la suite un « bon payeur » et de ne causer aucun trouble pendant la durée de la location !

Quand doit-on envoyer son préavis ?

Un locataire souhaitant quitter son logement est autorisé à le faire à n'importe quel moment, à condition d'en informer le bailleur suffisamment à l'avance. Il doit lui adresser un courrier en respectant le délai de préavis, qui diffère en fonction du type de location. Dans le cas d'un bien proposé en location vide, le délai est en principe trois mois à compter de la réception du courrier, envoyé en lettre recommandée avec avis de réception. Alternativement, une remise en main propre est possible en échange d'un récépissé signé. Plus rarement, un commissaire de justice (anciennement huissier de justice) se charge de notifier le propriétaire moyennant des frais. Dans le cas d'un logement meublé, le délai de préavis est réduit à un mois.

La situation est différente en « zone tendue », notamment à Paris ou dans d'autres grandes villes : le délai de préavis est d'un mois, peu importe la nature du bien – meublé ou vide. Dans cette configuration, le locataire doit mentionner dans son courrier de notification de départ l'adresse du logement, et préciser que celui-ci est situé dans une zone tendue. Je rappelle qu'il existe sur le site service-public.fr un simulateur permettant de savoir quelles sont les zones concernées[1].

D'autres motifs justifient la réduction du délai de préavis à un mois : l'obtention d'un premier emploi, une mutation, un licenciement, un état de santé exigeant un changement de domicile... Quelles que soient les raisons du déménagement, elles doivent être prouvées, par exemple au moyen d'un contrat de travail à durée indéterminée ou d'un certificat médical.

Pour les personnes victimes de violences conjugales bénéficiant d'une ordonnance de protection, d'une procédure alternative aux poursuites ou d'une condamnation du conjoint (même non définitive) pour violences conjugales ou violences sur un enfant résidant avec le couple, le délai se trouve également réduit[2].

Je précise que quitter un logement, pour quelque motif que ce soit, ne dispense pas de payer son loyer jusqu'à la fin ! Contrairement à une idée répandue, il n'est pas légal d'interrompre les versements pendant la période de préavis en se disant que le propriétaire conservera la caution en compensation.

1. Décret n° 2013-392 du 10 mai 2013 relatif au champ d'application de la taxe annuelle sur les logements vacants instituée par l'article 232 du code général des impôts.

2. Article 15 de la loi n° 89-462 du 6 juillet 1989 tendant à améliorer les rapports locatifs et portant modification de la loi n° 86-1290 du 23 décembre 1986.

La signature d'un contrat de location est-elle obligatoire ?

En principe, toute location d'un bien exige la rédaction d'un contrat de bail écrit[1]. Cela permet entre autres de prévenir d'éventuels litiges. La rédaction du bail est faite par un professionnel, par exemple un agent immobilier, ou par le propriétaire lui-même. Il existe des modèles disponibles en ligne : si vous avez recours à ce type de documents prérédigés, soyez particulièrement rigoureux sur les clauses, l'état des lieux et le montant du dépôt de garantie.

En pratique, il est admis de s'en tenir à ce que l'on nomme un « bail verbal ». Il suffit alors que le bailleur et le locataire se mettent d'accord, notamment sur le montant du loyer. Notons que les deux parties sont soumises aux mêmes obligations et aux mêmes modalités, que le bail soit écrit ou verbal. Dans le deuxième cas de figure, des difficultés émergent parfois en termes probatoires, dans la mesure où l'on ne sait pas avec certitude sur quel loyer les parties se sont engagées initialement. Le bailleur n'a pas la possibilité de réviser le montant à moins d'obtenir l'accord express du locataire, autrement dit l'accord du locataire ne peut pas être « déduit » comme le prévoient les baux écrits[2]. Il n'est pas non plus possible d'insérer

1. Article 3 de la loi n° 89-462 du 6 juillet-1989.

2. Cour de cassation, 3e chambre civile, 4 octobre 1995, Bulletin 1995, III, n° 211, p. 142.

une clause résolutoire dans un bail verbal[1], ce qui rend l'option moins sûre pour le propriétaire.

Afin de prouver l'existence d'un bail verbal, les parties peuvent se prévaloir des loyers versés, soit en produisant des relevés bancaires, soit à travers des témoignages : voisins, concierge... C'est à celui qui souhaite démontrer la conclusion orale du bail d'en apporter la preuve[2]. Parmi les principales difficultés résultant de l'absence de bail écrit, on trouve notamment l'absence d'état des lieux d'entrée. Le propriétaire s'expose ainsi, à la sortie, à des problèmes en cas de dégâts occasionnés par le locataire, d'autant qu'il ne dispose parfois d'aucun dépôt de garantie pour financer les réparations nécessaires. Il en va de même concernant les éventuels loyers impayés : le propriétaire est certes libre d'intenter une action, mais les choses sont plus complexes qu'en l'existence d'un document signé. Enfin, la dernière difficulté concerne le préavis, que le locataire doit respecter même en l'absence de bail écrit. Pour rappel, en dehors des zones tendues, le délai est de trois mois à compter de la notification au propriétaire pour une location non meublée[3].

Deux parties ayant conclu un bail verbal ont le choix de « régulariser » leur situation en rédigeant un bail écrit, afin d'éviter ce type de problèmes. Dans cette

---

1. Cour de cassation, 3e chambre civile, 23 septembre 2014, n° 13-15713.

2. Article 1353 du Code civil.

3. Cour de cassation, 3e chambre civile, 15 octobre 2008, n° 13-294, Bulletin 2008, III, n° 153, Cour de cassation, 3e chambre civile, 5 février 2014, n° 13-10804, Bulletin 2014, III, n° 16.

configuration, le bail prendra effet pour une durée d'un an si le bien est meublé, et de trois ans s'il est vide.

Quel est le montant maximal de la caution ?

Dans le cadre d'un contrat de bail, le propriétaire demande généralement au locataire le versement d'un dépôt de garantie, communément appelé « caution ». Cette somme est destinée à le dédommager d'éventuels dégâts occasionnés par le locataire pendant la durée de son bail. Versé à la signature, le montant s'élève par défaut à un mois de loyer hors charges – ce qui, bien entendu, doit être précisé dans le contrat. Si la location est meublée, le dépôt de garantie peut s'élever au maximum à deux mois de loyer hors charge. Précisons qu'une fois le dépôt de garantie versé, son montant ne peut plus être modifié, même en cas de tacite reconduction.

Sachez qu'il est interdit de réclamer un dépôt de garantie dans le cadre d'un bail mobilité. Il s'agit d'un type de contrat temporaire, d'une durée comprise entre un et dix mois, souvent destiné à des personnes en mission professionnelle ou en apprentissage.

Bien entendu, il est inacceptable de réclamer au locataire toute somme autre que les frais d'agence ou le dépôt de garantie. En particulier, fuyez les propriétaires qui exigent d'être payés pour retenir votre dossier !

Mon propriétaire ne me rend pas ma caution, que faire ?

Dès lors que l'état des lieux de sortie est identique à l'état des lieux d'entrée, le propriétaire est tenu de rendre le dépôt de garantie dans son intégralité, et dans un délai d'un mois à compter de la restitution des clés, à supposer qu'il dispose bien de la nouvelle adresse postale et du relevé d'identité bancaire du locataire. Tout manquement donnera légitimement lieu à une mise en demeure par lettre recommandée avec accusé de réception. À défaut de restitution, le propriétaire s'expose en outre à une pénalité de 10 % du loyer mensuel hors charge par mois de retard commencé[1]. Encore une fois, cela vaut uniquement lorsque le locataire a bien communiqué sa nouvelle adresse en même temps qu'il a remis les clés, d'où l'intérêt de conserver une trace écrite.

Heureusement, la majorité des litiges trouve une issue amiable quand il n'y a pas de discordance majeure entre l'état des lieux d'entrée et celui de sortie. Il arrive cependant que le dépôt de garantie ne soit pas restitué malgré une mise en demeure, auquel cas le locataire saisira un conciliateur de justice, ou encore la commission départementale de conciliation, qui est gratuite. S'agissant des litiges inférieurs à 5 000 euros

1. Article 22 de la loi n° 89-462 du 6 juillet 1989 tendant à améliorer les rapports locatifs et portant modification de la loi n° 86-1290 du 23 décembre 1986.

– en l'espèce, c'est donc la caution elle-même qui doit être inférieure à ce montant –, cette étape est d'ailleurs obligatoire. Enfin, la dernière option consiste à saisir la justice. Pour un dépôt de garantie supérieur à 5 000 euros, il est possible de saisir directement le juge des contentieux de la protection, même s'il est recommandé d'essayer en premier lieu d'obtenir une conciliation.

Supposons à présent que l'état des lieux de sortie n'est pas conforme à celui d'entrée. Le bailleur dispose alors d'un délai de deux mois pour restituer le dépôt de garantie, en faisant une retenue. Celle-ci est destinée à couvrir les dégâts occasionnés : son montant varie donc en fonction des dommages. En cas de retenue, le propriétaire doit transmettre les justificatifs associés, par exemple une facture de réparation.

Peut-on augmenter le montant du loyer en cours de bail ?

Lors de la conclusion d'un bail, le montant du loyer est expressément prévu ; cependant, il arrive que le propriétaire souhaite modifier celui-ci par la suite, généralement pour l'augmenter. Or en France, l'augmentation des loyers est encadrée, tant sur le montant que sur la période.

Dans le secteur privé, le loyer est révisé au maximum une fois par an. Cette révision est soumise à l'indice de référence des loyers (IRL) publié par l'Insee : le taux d'augmentation est donc plafonné. À cela s'ajoutent d'autres restrictions, par exemple la catégorie énergétique du bien : un logement classé F ou G d'après le diagnostic performance énergie, et dont le bail a été signé ou renouvelé après le 24 août 2022[1], verra son loyer « bloqué ».

Au contraire, un propriétaire est autorisé à augmenter le montant du loyer après avoir effectué à ses frais des travaux d'amélioration – cela doit être prévu par une clause du contrat de bail ou par un avenant rédigé par la suite[2]. Là encore, des restrictions s'appliquent toutefois aux « passoires thermiques ».

Enfin, gardez à l'esprit que toute augmentation de loyer ne peut légalement s'appliquer qu'aux versements futurs, et pas de manière rétroactive.

Un propriétaire est-il obligé de fournir des quittances de loyer ?

La quittance de loyer est un document permettant au locataire de prouver qu'il a réglé l'entièreté de son loyer et des charges associées sur une période donnée. Rédigé par le propriétaire ou l'agence immobilière, il lui est remis gratuitement, que le bien soit meublé

1. Pour les biens situés en métropole. Loi n° 2021-1104 du 22 août 2021 portant lutte contre le dérèglement climatique et renforcement de la résilience face à ses effets.

2. Article 17-1 de la loi n° 89-462 du 6 juillet 1989 tendant à améliorer les rapports locatifs et portant modification de la loi n° 86-1290 du 23 décembre 1986.

ou non. Pour autant, la délivrance des quittances de loyer n'est pas automatique : le locataire doit en faire la demande. Il reçoit alors le document par courrier ou, s'il a expressément donné son accord, par voie électronique[1].

En cas de non-réponse ou de refus de fournir la quittance, le locataire pourra mettre le propriétaire en demeure par lettre recommandée avec accusé de réception. C'est généralement suffisant ! La grande majorité des propriétaires qui omettent d'envoyer les quittances le font par négligence administrative plutôt que par intention de nuire. Sans réponse malgré plusieurs relances, le locataire saisira alors le tribunal de proximité ou le tribunal judiciaire selon le montant du préjudice. En pratique, cette situation reste très rare, et concerne souvent des situations dans lesquelles il existe une divergence d'interprétation quant au paiement effectif du loyer.

Naturellement, ne pas avoir reçu de quittance n'est pas un motif recevable pour cesser de payer son loyer : interrompre les versements dans le but de faire pression est donc vivement déconseillé !

1. Article 21 de la loi n° 89-462 du 6 juillet 1989 tendant à améliorer les rapports locatifs et portant modification de la loi n° 86-1290 du 23 décembre 1986.

Troubles du voisinage : comment agir[1] *?*

Anodins quand ils sont ponctuels, les troubles du voisinage se transforment rapidement en véritable fléau lorsqu'ils se répètent, et font vivre un enfer à ceux qui en sont victimes. Ces troubles peuvent être pluriels, et plus subtils que ceux auxquels on pense spontanément : nuisances sonores, mais aussi olfactives, esthétiques... Ni les villes, caractérisées par la vie en appartement – avec ce que cela suppose parfois de musique trop forte, de chiens qui aboient ou d'enfants qui courent –, ni la campagne, avec ses activités agricoles, ne sont épargnées. Afin de ne gêner personne, il convient de garder à l'esprit que chacun est responsable des potentielles gênes qu'il occasionne : animaux, appareils bruyants, fêtes, travaux... En outre, on entend par « voisin » toute personne vivant dans un périmètre relativement proche, et pas seulement dans le logement directement adjacent.

En présence d'un voisin indélicat, la première chose à faire est de déterminer si la nuisance subie correspond bien à un trouble anormal du voisinage. Elle doit pour cela revêtir un critère de durée, d'intensité ou de répétition. Ainsi, tout bruit désagréable ne représente pas nécessairement un trouble : par exemple, les

1. J'ai évoqué ce point dans mes précédents ouvrages ; il me paraît important de le rappeler ici.

jeux et cris d'enfants sont généralement assimilés à des « nuisances inhérentes à la vie dans un immeuble[1] ».

En cas de trouble avéré, il convient d'alerter le voisin perturbateur. Mieux vaut échanger d'abord à l'oral et avec bienveillance : beaucoup de gens n'ont absolument pas conscience des nuisances qu'ils génèrent ! À défaut de changement ou de prise de conscience, il faut dans un deuxième temps rassembler des éléments de preuves, par exemple un courrier recommandé avec accusé de réception portant les signatures d'autres locataires également victimes de la situation. Le cas échéant, il est également utile d'alerter le syndic de copropriété ainsi que le bailleur du voisin indélicat, à supposer que celui-ci soit locataire. Enfin, on pourra faire réaliser des constats par un commissaire de justice, même si cette solution rebute souvent les victimes qui ne souhaitent pas avancer de frais.

Rien ne change malgré tous les efforts déployés ? Après la tentative de conciliation, il ne reste que l'action en justice, devant le tribunal de proximité pour un litige inférieur à 10 000 euros, ou devant le tribunal judiciaire au-delà. La victime des troubles doit démontrer le préjudice subi : la prise de somnifères pour dormir en cas de nuisances sonores, des conséquences médicales attestées par un certificat, une qualité de vie altérée… Si les troubles anormaux du voisinage sont reconnus, elle peut bénéficier de l'octroi de dommages et intérêts, de l'insonorisation

1. Cour d'appel de Paris, 11 mai 1994.

de l'appartement du voisin gênant, voire de la résiliation de son bail.

Une telle action en justice prend toutefois un certain temps, si bien qu'en pratique, les locataires victimes de nuisances préfèrent parfois déménager. Cette situation est regrettable, puisque la victime se voit obligée de changer de lieu de résidence à défaut d'avoir réussi à faire valoir ses droits. Pour les personnes propriétaires, le déménagement est en revanche une option beaucoup plus marginale.

Concernant les campagnes, une nouvelle loi visant à limiter les conflits de voisinage entre néoruraux et paysans a été promulguée en 2024[1]. D'après le texte, nul ne doit bien entendu causer un trouble anormal du voisinage, mais il existe des exceptions : en effet, la responsabilité de l'auteur du trouble ne peut être engagée si l'activité litigieuse est antérieure à l'installation de l'individu qui se plaint, qu'elle respecte la législation en vigueur, et qu'elle se poursuit dans les mêmes conditions que précédemment – ou dans des conditions nouvelles n'étant pas à l'origine d'une aggravation du trouble[2]. Cette loi a certainement pour but la préservation des campagnes puisqu'elle est plus favorable aux agriculteurs qu'aux néoruraux, lesquels découvrent parfois certaines nuisances inhérentes à la ruralité

1. Loi du 15 avril 2024 visant à adapter le droit de la responsabilité civile aux enjeux actuels.

2. Article 1253 du Code civil.

une fois installés, et n'apprécient pas forcément les désavantages de leur nouvelle vie.

Cela étant dit, lorsque les nuisances ont lieu la nuit, on a affaire à une infraction de tapage nocturne. Légalement, il n'existe pas d'heure précise à partir de laquelle on peut estimer subir du tapage nocturne, mais le bon sens veut que les éventuelles nuisances cessent avec la tombée de la nuit. Pour que l'infraction soit caractérisée, il n'est pas nécessaire qu'elle réponde aux critères de répétition, de durée, ni d'intensité. En revanche, l'auteur du trouble doit avoir conscience de la nuisance occasionnée, et refuser sciemment de prendre des mesures pour l'endiguer. Certains pensent par exemple qu'ils sont dans leur droit en générant des nuisances sonores jusqu'à 22 heures : il n'en est rien !

Lorsqu'on est victime de tapage nocturne, la première chose à faire est d'aller à la rencontre du voisin concerné et de lui signifier son désagrément. S'il ne modifie pas son comportement, on le notifiera cette fois par écrit, en lui enjoignant de prendre des mesures. Il est également pertinent d'informer son bailleur par lettre recommandée avec accusé de réception. Enfin, il est toujours possible de contacter les forces de l'ordre qui peuvent infliger le cas échéant à l'auteur du trouble une amende allant jusqu'à 450 euros[1]. En première intention, l'amende s'élève à 68 euros à condition d'être réglée dans les quarante-cinq jours, et de 180 euros passé ce délai.

1. Article R623-2 du Code pénal.

Loyers impayés : comment obtenir les versements ?

La hantise de tout propriétaire louant son bien est naturellement d'avoir affaire à un locataire qui n'honore pas ses obligations, et de se retrouver ainsi en difficulté financière. En effet, beaucoup de propriétaires ont besoin de toucher le loyer qui leur est dû afin de payer le leur, ou de rembourser un crédit. Le locataire, de son côté, n'a pas le droit de suspendre les versements de manière unilatérale, même lorsqu'il estime rencontrer des problèmes dans son logement : seule une décision de justice l'y autorise[1].

En cas de loyer impayé, il faut d'abord demander de façon amiable au locataire de s'acquitter de la somme due. Il peut s'agir d'une omission involontaire ou d'un cas de force majeure : c'est pourquoi il convient de rester bienveillant lors de la première prise de contact. Sans réponse malgré cet avertissement, on enverra une mise en demeure par lettre recommandée avec accusé de réception, ou par l'intermédiaire d'un commissaire de justice. Si cela ne fonctionne toujours pas, il faut prendre d'autres dispositions, en particulier faire rédiger un « commandement de payer » par un commissaire de justice[2]. Ce document officiel rappelle le montant du loyer et des charges dus, le décompte de la dette, et le délai de

1. Cour de cassation, 3e chambre civile, 17 octobre 1968, n° 66-13032.
2. Article R411-1 du Code des procédures civiles d'exécution.

six semaines dont le locataire dispose pour s'acquitter de sa dette[1]. On y précise également qu'à défaut de paiement, ce dernier s'expose à une procédure visant la résiliation du bail. Une fois le délai de six semaines écoulé, dans l'hypothèse où la situation n'a pas été régularisée – ou, pire, que les loyers impayés se sont accumulés –, le propriétaire adressera au locataire une assignation : pour cela, il est recommandé de se tourner vers un avocat spécialisé en droit immobilier. L'assignation précisera la date d'audience, qui doit avoir lieu dans les six semaines suivant la remise du document.

De son côté, un locataire estimant qu'il ne doit rien a le choix de contester, dans un premier temps, le commandement de payer. Si des difficultés financières ponctuelles expliquent sa défaillance, des délais de paiement peuvent être demandés – bien sûr, cette requête sera plus aisément acceptée si les paiements de loyer ont repris normalement. La sollicitation d'un délai supplémentaire se fait auprès d'un juge de l'exécution. L'âge et l'état de santé du locataire font partie des critères pris en considération, ainsi que sa bonne volonté – en l'espèce, celle de chercher un autre logement correspondant mieux à son budget. Lorsqu'un délai est octroyé, il revient au juge de fixer l'échéancier de remboursement, lequel doit être scrupuleusement respecté au risque de voir le

1. Ce délai vaut pour les contrats d'habitation conclus après l'entrée en vigueur de la loi du 27 juillet 2023.

bail résilié et le propriétaire entamer une procédure d'expulsion.

Supposons à présent que le juge tranche en faveur de l'expulsion du locataire. Pour le propriétaire, la procédure n'est pas encore terminée : il doit adresser un commandement de quitter les lieux au locataire qui, en général, ne paye toujours pas son loyer. Ce document est délivré par un commissaire de justice et mentionne plusieurs informations essentielles, notamment la date à laquelle le locataire doit être parti. À compter de cette date, l'expulsion peut se faire avec le concours de la force. Un locataire refusant de quitter les lieux encourt une amende de 7 500 euros[1] – un montant purement théorique car, dans l'immense majorité des cas, le locataire défaillant est insolvable.

Face à la peur du squat, nombreux sont les propriétaires qui se font justice eux-mêmes afin de s'éviter une procédure longue et coûteuse. Les méthodes sont nombreuses : changer les serrures, couper l'eau, l'électricité, le gaz, employer l'intimidation, les menaces... Ce sont souvent le désespoir et la crainte de pertes financières importantes qui les conduisent à de telles extrémités. Néanmoins, la situation se retourne alors contre eux : ils encourent une peine d'emprisonnement pour violation de domicile[2]. Le simple fait d'expulser physiquement un locataire, même sans s'introduire dans le domicile, est puni

1. Article 315-2 du Code pénal.
2. Article 226-4 du Code pénal.

d'une peine maximale de trois ans d'emprisonnement et de 30 000 euros d'amende[1]. À Nice, en 2023, un homme a été placé en garde à vue puis sous contrôle judiciaire pour avoir tenté d'intimider l'individu qui, selon lui, squattait son logement. La préfecture a précisé qu'« aucune procédure légale pour résiliation du bail n'avait été entamée[2] ». Beaucoup de propriétaires désemparés interviennent en effet eux-mêmes au lieu de faire appel à la justice.

Afin d'éviter ces situations aux lourdes conséquences, l'idéal est de choisir son locataire avec soin, en privilégiant les dossiers avec garants et en souscrivant une assurance loyers impayés pour limiter les éventuelles pertes financières.

Trêve hivernale : peut-on expulser un locataire défaillant ?

Quand un locataire ne règle pas son loyer malgré les relances du propriétaire, ce dernier n'a pas d'autre choix que d'intenter une procédure, le but étant d'obtenir à la fois l'expulsion du locataire défaillant et la régularisation des loyers impayés. Malheureusement, comme nous l'avons vu, les procédures sont longues – sans compter qu'elles sont interrompues par ce que l'on appelle en France la « trêve hivernale », une

1. Article 226-4-2 du Code pénal.

2. « Nice : un propriétaire en garde à vue pour avoir tenté d'intimider son locataire, accusé de squatter son logement », *Le Parisien*, 15 mars 2024.

période qui s'étend du 1er novembre eu 31 mars[1] durant laquelle les locataires, sauf rares exceptions, sont inexpulsables. Autrement dit, même fort d'une décision de justice, un propriétaire ne peut pas expulser son locataire défaillant à n'importe quel moment de l'année. Il reste néanmoins possible d'entamer une procédure pendant la trêve, afin que l'expulsion ait lieu après le mois de mars. Dans tous les cas, il est recommandé de réagir vite, dès le premier mois de loyer impayé.

Il est à noter que la trêve hivernale protège les locataires défaillants, mais pas ceux qui ont été reconnus comme des « squatteurs » par la justice.

Mon enfant étudiant entre en colocation : quelles précautions dois-je prendre ? Vaut-il mieux signer un bail solidaire ou individuel ?

Les étudiants ont parfois tendance à vivre en colocation afin de limiter le coût de leur loyer. Une fois le logement trouvé, plusieurs choix s'offrent à eux : soit les colocataires signent des contrats distincts, autrement dit des baux individuels, soit la colocation fait l'objet d'un bail unique signé solidairement. Dans la première hypothèse, si l'un des colocataires ne règle pas son loyer, le propriétaire ne peut pas se retourner contre les autres. Chacun est responsable de la chambre qu'il loue, et seules les parties communes (salon, cuisine, salle de bains)

1. Article L412-6 du Code des procédures civiles d'exécution.

sont partagées. *A contrario*, en cas de bail unique, la solidarité s'applique et chaque colocataire peut se voir obligé de régler l'entièreté du loyer lorsque les autres sont défaillants. Les baux solidaires ne sont pas pour autant à fuir, mais il convient de vérifier la solvabilité des autres locataires afin d'éviter les déconvenues. S'agissant du dépôt de garantie, il est généralement divisé par le nombre de locataires, sauf arrangement contraire ; d'autre part, chacun doit être assuré individuellement.

Sachez en outre que les colocataires ont la possibilité de signer un pacte de colocation, une pratique méconnue mais utile, qui permet de définir par écrit les droits et obligations de chacun. L'objectif est d'éviter les potentiels conflits soulevés par la vie commune. Le pacte de colocation doit contenir l'identité des colocataires, et être rédigé et signé en autant d'exemplaires qu'il y a de parties impliquées. Il fixe des modalités pratiques (paiement de l'abonnement Internet, du contrat de téléphonie, de l'eau, de l'électricité…) et instaure des règles relatives, par exemple, à l'hébergement de tiers, à l'organisation de fêtes, à la consommation de cigarettes dans les parties communes… Les conditions de départ sont elles aussi abordées : un locataire qui décide de partir a-t-il l'obligation de trouver la personne qui lui succédera ?

De manière générale, je recommande d'être vigilant sur les modalités de sortie : en effet, en cas de bail solidaire, un locataire sortant reste responsable pendant les six mois suivant la fin de son préavis[1]. Cette durée est réductible lorsqu'un nouvel habitant remplace le précédent dans le contrat. Ces dispositions sont certes protectrices pour le propriétaire, mais représentent une potentielle source de discorde lorsqu'un des locataires doit payer un logement qu'il n'occupe plus, si les autres colocataires étaient défaillants.

1. Article 8-1 de la loi n° 89-462 du 6 juillet 1989 tendant à améliorer les rapports locatifs et portant modification de la loi n° 86-1290 du 23 décembre 1986.

Printemps :
Reprenez le dessus
sur vos finances et votre santé

Le printemps, qui s'étend du mois de mars à celui de mai, est une période marquée par des impératifs administratifs et fiscaux, mais également par la préparation des vacances d'été. Une saison, donc, qui nous rappelle l'importance de gérer correctement nos finances et de sécuriser nos informations personnelles dans un monde de plus en plus connecté. Le printemps invite en outre à anticiper les éventuelles questions de santé en vue des départs estivaux.

S'agissant des questions financières, la déclaration d'impôt est un moment crucial, car d'autres thématiques liées à l'argent s'y rattachent : il en va ainsi des éventuelles pensions alimentaires, des prestations compensatoires, de la taxe foncière, de la contestation de l'avis d'imposition... Afin de faire valoir ses droits et de tirer profit de chaque situation, l'essentiel est de s'informer.

En naviguant sur Internet, en déclarant nos impôts ou en effectuant des achats en ligne, nous nous exposons tous à des menaces numériques plus ou moins graves. Dans cette partie, nous verrons quelles mesures prendre afin de protéger nos données et nos finances, une nécessité qui dépasse les frontières de la simple technologie et constitue un véritable enjeu juridique. En adoptant les bons réflexes, on devient capable de déjouer les arnaques en ligne, qui exploitent souvent le manque de connaissances et de vigilance des internautes.

Du côté médical, force est de constater qu'au retour des beaux jours, les promesses de régimes miraculeux et les offres de chirurgie esthétique envahissent aussi bien les magazines féminins que les réseaux sociaux. Connaître ses droits en la matière permet d'identifier les fraudes et d'intenter des recours lorsque les circonstances l'imposent, par exemple en cas d'opération ratée.

Votre argent : ne vous laissez plus faire !

Doit-on verser une pension alimentaire à ses parents ? À ses frères et sœurs ?

L'aide alimentaire est conçue pour couvrir les besoins essentiels, c'est-à-dire notamment les dépenses liées à l'alimentation, aux vêtements et au logement. En revanche, elle ne couvre pas les dépenses « superflues », comme les vacances ou l'achat d'accessoires non indispensables à la vie quotidienne.

La pension alimentaire est versée de façon amiable ou sur décision d'un juge aux affaires familiales, le plus souvent des parents vers les enfants – la situation inverse existe aussi, même si elle est moins fréquente. Entre frères et sœurs, il n'existe toutefois pas d'obligation juridique de payer une pension, même lorsqu'un membre de la fratrie est dans une situation financière difficile.

Le montant de la pension varie en fonction des ressources et des dépenses du payeur et du bénéficiaire. Par exemple, lorsque des parents doivent être soutenus financièrement, il arrive qu'un seul enfant soit mis à contribution et pas les autres. Le versement d'une pension alimentaire apporte en outre des bénéfices fiscaux : il est donc utile de conserver les preuves des virements. Concernant le mode de versement, il peut s'agir de simples transactions financières, ou de la prise en charge directe de certaines dépenses comme les frais médicaux ou l'hébergement.

Pension alimentaire impayée : que faire ?

En France, environ une pension alimentaire sur deux n'est pas dûment payée[1], et un parent sur quatre ne reverse rien à l'autre[2]. Non seulement ces chiffres très élevés ont de quoi inquiéter, mais ce sont souvent les mères seules qui pâtissent de cette situation. Pourtant, les pensions alimentaires impayées ne sont pas une fatalité, et les familles concernées, qu'elles soient monoparentales ou non, bénéficient de différents recours.

La première solution consiste bien sûr à réclamer le versement de la pension, mais aussi à faire entériner le montant par un jugement ou une convention, afin de lui conférer une force obligatoire et exécutoire. En effet, seule une pension alimentaire ainsi prévue

1. Marine Thoron, « Près d'une pension alimentaire sur deux est non payée », *Capital*, 24 février 2019.

2. Raphaël Lardeux, « Un quart des parents non-gardiens solvables ne déclarent pas verser de pension alimentaire à la suite d'une rupture de Pacs ou d'un divorce », DREES, *Études et Résultats*, n° 1179, janvier 2021.

sur le plan juridique pourra être considérée comme impayée en cas de manquement : cela ne concerne pas les sommes versées de façon amiable sans jugement ou convention.

En première intention, on envisagera la médiation, afin de comprendre pourquoi le parent débiteur ne s'acquitte pas de ses obligations. Peut-être n'en a-t-il pas les moyens, auquel cas c'est à lui de saisir en amont le juge aux affaires familiales pour solliciter une révision à la baisse, plutôt que de mettre l'autre parent face au fait accompli. Précisons que l'aide alimentaire est prioritaire par rapport aux autres dépenses : autrement dit, son paiement doit l'emporter sur le remboursement d'autres dettes éventuelles[1].

L'intermédiation financière, option méconnue mais plutôt efficace, est une alternative à la médiation simple. Elle nécessite de disposer d'un titre exécutoire fixant le principe et le montant de la pension alimentaire. Un organisme comme l'ARIPA (Agence de recouvrement et d'intermédiation des pensions alimentaires) ou la MSA se charge alors de recevoir la pension auprès d'un parent pour la reverser à l'autre, et d'intervenir en cas d'impayés. Ce service est gratuit pour les deux parties, et ne nécessite pas d'être allocataire de l'organisme concerné ; en revanche, le parent débiteur paie des frais de gestion en cas d'impayé.

L'ARIPA engage dans un premier temps une procédure amiable. À défaut de paiement, elle procède

1. Cour de cassation, chambre criminelle, 20 juin 2018, n° 17-86732.

ensuite à un recouvrement forcé : il s'agit soit d'un recouvrement public effectué par la Direction générale des finances publiques, soit d'un paiement direct sollicité auprès de l'employeur, de la caisse de retraite ou de Sécurité sociale, de l'établissement bancaire concerné, ou encore de France Travail, selon que le débiteur est salarié ou non.

Alternativement, le parent victime d'impayés a la possibilité de se tourner vers un commissaire de justice afin d'engager lui-même une procédure de paiement direct, voire une saisie sur compte bancaire ou une saisie-vente. La saisie sur salaire, quant à elle, doit être demandée à un juge de l'exécution auprès du tribunal judiciaire de son propre domicile ou de celui de l'autre parent.

En cas d'échec de toutes les procédures susvisées reste le recouvrement au Trésor public. Le parent bénéficiaire dispose d'un délai de cinq ans pour réclamer les sommes dues, à supposer qu'il soit en mesure de justifier d'une décision, d'un jugement ou d'une convention fixant le montant de la pension[1].

Une dernière option consiste à agir sur le plan pénal : il existe en France un « délit d'abandon de famille », sanctionné par une peine allant jusqu'à deux ans d'emprisonnement et 15 000 euros d'amende[2]. Le débiteur ne sera cependant inquiété que s'il ne s'est pas acquitté de son obligation de paiement pendant au moins deux mois.

---

1. Article 2224 du Code civil.
2. Article 227-3 du Code pénal.

Peut-on modifier le montant d'une pension alimentaire ?

Dans le cadre d'une pension alimentaire fixée par un jugement ou une convention et versée régulièrement, il arrive que l'une des parties connaisse un changement significatif au niveau de ses ressources ou de ses charges. Il est alors possible de solliciter une modification du montant de la pension alimentaire.

Une fois saisi, le juge aux affaires familiales demandera à la partie qui réclame une révision de présenter un élément nouveau : évolution des revenus, changement dans la résidence habituelle des enfants... À titre d'exemple, lorsque des parents séparés ont initialement opté pour une résidence classique – à savoir un week-end sur deux et la moitié des vacances scolaires chez l'un, le reste du temps chez l'autre – et qu'ils souhaitent désormais mettre en place une résidence alternée, il est normal que le principe et le montant de la pension soient réévalués.

Taxes foncière et d'habitation : peut-on les contester ?

La taxe d'habitation sur les résidences secondaires est versée aux collectivités locales : son montant varie donc selon la commune où se trouve le bien immobilier concerné. La taxe foncière, quant à elle, est un impôt local payé par tous les propriétaires d'un bien situé en France, et s'applique également aux dépendances, parkings ou piscines.

Il est fréquent de vouloir contester le montant de ces deux taxes. La démarche est relativement simple, puisqu'il suffit d'exposer ses raisons sur papier libre. Par exemple, depuis le 1er janvier 2023, la taxe d'habitation ne s'applique plus aux résidences principales[1]. Un individu qui se voit réclamer cette taxe à cause d'une confusion entre son logement et une éventuelle résidence secondaire sera amené à prouver qu'il habite bien à l'année dans le bien immobilier visé.

Tout courrier de contestation devra reprendre les références inscrites sur l'avis d'imposition où figurent les taxes injustement réclamées. On y joindra également les justificatifs pertinents, et l'on prendra soin d'effectuer une copie du document avant de l'envoyer au centre des impôts par lettre recommandée avec accusé de réception.

Erreur dans la déclaration d'impôts : comment la rectifier ? Quels sont les risques ?

Une déclaration d'impôt contient parfois des erreurs concernant notre niveau de revenus ou les éventuels avantages fiscaux dont on croit pouvoir bénéficier. Ces inexactitudes sont sans gravité si elles sont rectifiées,

1. Bercy Infos, « La taxe d'habitation sur les résidences secondaires : comment ça marche ? », www.economie.gouv.fr, 31 octobre 2024.

mais il est préférable de les signaler spontanément plutôt que d'attendre que l'administration fiscale les identifie. En effet, toute erreur donne lieu par défaut à une majoration de 10 % de l'impôt supplémentaire à régulariser ou du montant de l'avantage fiscal infondé. En cas de retard de paiement, une pénalité sera également appliquée. En revanche, lorsque l'individu régularise lui-même sa situation au moyen d'une déclaration rectificative, ou réagit dans les trente jours suivant la notification de l'administration fiscale, il est exempté de cette majoration[1].

L'administration fiscale estime parfois qu'un contribuable est de mauvaise foi, autrement dit qu'il a volontairement falsifié sa déclaration à son avantage. Les sanctions sont alors plus sévères, puisqu'il s'agit de fraude. Cela concerne en général deux types de situations : le fait de ne déclarer qu'une partie de ses revenus réels, ou le fait de cacher une activité professionnelle tout entière en ne la déclarant pas. Dans l'hypothèse où l'administration fiscale prend connaissance de l'existence d'une activité non déclarée, l'impôt sera très lourdement majoré, à hauteur de 80 %[2]. Le simple fait de sous-évaluer ou de sous-déclarer son patrimoine et ses revenus expose à une majoration de 40 % en cas de manquement délibéré, et de 80 % en cas de manœuvres frauduleuses. Enfin, des poursuites pénales sont à craindre pour fraude fiscale, avec

1. Article 1758 A du Code général des impôts.
2. Article 1729 du Code général des impôts.

le risque d'écoper d'une peine d'emprisonnement et de fortes amendes.

En somme, il est sage de rectifier spontanément son erreur aussitôt qu'on en prend connaissance : la bonne foi est toujours profitable ! Les inexactitudes sont parfois découvertes à l'occasion d'un contrôle fiscal ; il convient alors de se rapprocher d'un professionnel afin d'effectuer d'éventuelles contestations ou de solliciter un échéancier.

Est-on réellement indemnisé en cas de délation fiscale ?

En France, un nouveau dispositif d'aviseurs fiscaux a récemment été mis en place[1] : sous certaines conditions, il permet à des personnes sans lien avec l'administration fiscale d'être indemnisées lorsqu'elles ont fourni des renseignements ayant conduit à la découverte de manquements aux règles fiscales[2]. En pratique, il n'existe cependant aucun barème réglementant ce type d'indemnisation. Les fraudes dénoncées peuvent être de toute nature mais, pour donner lieu à une indemnisation, le manquement doit représenter une perte d'au moins 100 000 euros pour l'administration fiscale[3].

1. Article 109 loi n° 2016-1917 du 29 décembre 2016 de finances pour 2017.

2. Article 123 de la loi n° 2023-1322 du 29 décembre 2023 de finances pour 2024.

3. Décret n° 2021-61 du 25 janvier 2021 pris pour l'application de l'article L. 10-0 AC du livre des procédures fiscales.

Depuis l'entrée en vigueur de ce nouveau dispositif en 2017, le nombre d'aviseurs fiscaux a inéluctablement augmenté. Nous avons donc affaire à une mesure qui facilite la répression de la fraude, mais qui incite en même temps les citoyens à se dénoncer entre eux, ce qui occasionne des abus. Bien entendu, les aviseurs fiscaux restent anonymes s'ils en font la demande, et les éventuelles preuves fournies par eux à l'administration sont confidentielles. Il s'agit généralement de personnes proches de l'individu dénoncé, susceptible d'avoir accès à des informations précises le concernant : un salarié, un ancien employé, un ex-conjoint, un concurrent…

La dénonciation d'une fraude nécessite de se mettre en relation avec la Direction générale des Finances publiques. La question de la rémunération intervient à la fin du processus, lorsque les informations recueillies ont été évaluées et que l'enquête a mené, le cas échéant, à un redressement fiscal.

Faut-il souscrire une assurance-vie ?

L'assurance-vie est un contrat par lequel l'assureur s'engage, en contrepartie du paiement de primes par le souscripteur, à verser une somme à un bénéficiaire désigné en cas de décès de l'assuré, ou à l'assuré lui-même s'il est encore en vie à l'échéance du contrat. Ce type de contrat est avantageux du point de vue de la transmission : en effet, les sommes ainsi engagées sont en principe exclues de la succession, échappant à la taxation associée. En plus d'apporter des bénéfices fiscaux, un tel dispositif limite les potentiels conflits entre héritiers. Certains députés envisagent actuellement de modifier les règles qui entourent l'assurance-vie, mais aucun vote n'a encore eu lieu.

Un autre avantage du contrat d'assurance-vie tient à sa grande souplesse : la clause bénéficiaire est modifiable à tout moment, et ne se limite pas aux héritiers. Le montant et la fréquence des versements sont également flexibles.

La sécurité numérique : tous concernés

Comment réagir en cas de piratage informatique ?

De nos jours, les piratages informatiques sont extrêmement perfectionnés et visent aussi bien les particuliers que les entreprises. Quelques gestes simples de prévention suffisent toutefois à éviter bien des déconvenues. En cas de piratage avéré, il est essentiel de faire preuve d'une grande réactivité.

La première chose à faire est d'identifier la nature du piratage dont on est victime. Les arnaques adoptent en effet différentes formes : transaction bancaire non sollicitée, changement d'un mot de passe de boîte mail, accès aux comptes sur les réseaux sociaux… S'agissant des mots de passe, il faut naturellement s'assurer que ceux qu'on utilise sont suffisamment sophistiqués, et recourir à l'identification à deux facteurs lorsque c'est possible, en recevant un SMS de sécurité sur téléphone portable. Ce procédé est certes fastidieux, mais efficace en matière de sécurité numérique.

Il convient ensuite d'avertir sa banque le plus rapidement possible, en particulier si des transactions suspectes ont été réalisées : l'établissement bloquera temporairement le compte et la carte bleue associée. D'un point de vue juridique, un dépôt de plainte sera réalisé ainsi qu'un signalement en ligne sur la plateforme Pharos, avec description des faits et preuves à l'appui, par exemple des captures d'écran des éventuelles transactions.

Les piratages visent certes le plus souvent des particuliers démunis, mais aussi des sociétés et autres personnes morales. En 2024, France Travail a été victime d'un piratage de grande ampleur : plus de 43 millions de données ont été dérobées pendant cette cyberattaque massive[1]. En théorie, les auteurs des faits s'exposent à des peines allant jusqu'à trois ans d'emprisonnement et 100 000 euros d'amende, hors circonstances aggravantes[2].

Arnaque avec usurpation d'institution : que faire ?

De plus en plus d'organismes et d'institutions comme la CAF, la CNIL ou encore l'URSSAF se voient usurper leur nom par des escrocs, qui s'en servent dans le but d'obtenir la confiance de potentielles victimes.

1. « France Travail : trois personnes interpellées et mises en examen après le piratage informatique à grande échelle », *Le Parisien*, 19 mars 2024.
2. Article 323-1 du Code pénal.

Même lorsque ces dernières ne sont pas particulièrement vulnérables ni crédules, la méthode est si bien rodée qu'elle endort leur vigilance. Certains avocats eux-mêmes ont déjà été victimes de ce stratagème : en l'occurrence, les escrocs étaient parvenus à les joindre sur leur téléphone portable en affichant le véritable numéro de l'organisme !

En cas de doute, la première mesure de prudence consiste à ne verser aucune somme d'argent sans avoir appelé soi-même le service concerné, et vérifié que la demande émanait bien de lui. Si le virement est déjà effectué, il faut déposer plainte et contacter sans délai son établissement bancaire.

Quels recours en cas d'arnaques sentimentales ?

En 2025, une actualité a fait le tour du monde : Anne, 53 ans, croyait vivre une histoire d'amour avec l'acteur Brad Pitt et a envoyé la somme de… 830 000 euros à un escroc[1] !

De nos jours, les « arnaques sentimentales » se multiplient malgré diverses tentatives de prévention de la part des autorités. Chaque année, de nombreux internautes versent ainsi des sommes importantes en ligne à de parfaits inconnus. Les arnaqueurs, aussi appelés « brouteurs », sont souvent situés en Afrique

1. Victor Cousin et Zoé Lauwereys, « Arnaque au faux Brad Pitt : une enquête en cours auprès de la brigade financière », *Le Parisien*, 16 janvier 2025.

et n'ont absolument pas la vie qu'ils décrivent à leurs victimes. Ils séduisent ces dernières par messages après les avoir repérées sur les réseaux sociaux. Généralement, les internautes qui tombent dans le filet de ce type d'arnaques sont isolés et rendus vulnérables par une période difficile : divorce, deuil, dépression…

Le scénario est presque toujours le même : la relation virtuelle commence par des messages pluriquotidiens. Pour l'escroc, le but est de créer chez sa victime une forme de dépendance affective. Ensuite, il lui explique progressivement qu'il souhaite la rencontrer afin de concrétiser leur union, mais qu'il manque d'argent. L'arnaque consiste donc en un vol de moyen de paiement, avec des excuses toujours plus poussées pour justifier l'absence de remboursement. Les victimes, qui peuvent être aussi bien des hommes que des femmes, se font ainsi extorquer des montants parfois importants, jusqu'à plusieurs centaines de milliers d'euros, et se retrouvent dans des situations financières inextricables auxquelles s'ajoute la honte de « s'être fait avoir » – outre l'aspect financier, les séquelles psychologiques sont colossales. L'une d'entre elles témoigne : « Réaliser qu'on s'est fait avoir, c'est difficile à admettre. On préfère rester dans le déni. Ça prend des mois, voire des années à sortir de cette emprise[1]. »

1. Bastien Munch, « "Ce n'est pas que des personnes âgées" : un documentaire tourné à Metz sur les arnaques sentimentales en ligne », Ici Lorraine, France Bleu, 24 septembre 2024.

Certains escrocs font cependant preuve d'imagination, se faisant par exemple passer pour des personnalités publiques. Une internaute raconte ainsi avoir été arnaquée en croyant parler à David Hallyday, qui disait avoir « des problèmes d'accès à ses comptes, en raison d'un héritage tardant à arriver[1] ». Cela semble fort peu crédible avec le recul, mais il en va différemment dans la réalité, lorsqu'on pense recevoir de l'attention de la part d'une célébrité…

Comme dans tous les cas d'arnaque, la première chose à faire consiste à déposer plainte en fournissant à la police le plus d'informations possible sur l'escroc, ainsi que des captures d'écran : conversations SMS, mails, messages sur les réseaux sociaux ou les forums de chat et, bien entendu, preuve des virements bancaires effectués. Un escroc opérant depuis l'étranger sous une fausse identité pourra sembler hors d'atteinte, mais il reste essentiel de déposer plainte contre X. Il est également essentiel de consulter un médecin, qui saura évaluer le préjudice subi sur le plan psychologique : après un tel abus de confiance, il n'est pas rare que les victimes aient besoin d'un suivi pour se reconstruire.

En dernier lieu, la responsabilité de l'établissement bancaire sera éventuellement engagée. En effet, ce dernier a envers ses clients un devoir de vigilance, et le versement soudain de sommes importantes doit attirer

1. Salomé Vincendon, « "On allait se fiancer" : victimes d'une arnaque aux sentiments, elles ont été escroquées de plusieurs milliers d'euros », *Le Parisien*, 28 avril 2024.

son attention. Tout manquement à ce devoir de vigilance et de surveillance justifie que l'on se retourne contre sa banque[1]. Dans le cadre de ces différentes démarches, il est bien entendu recommandé d'être accompagné par un avocat spécialisé en droit pénal.

Quelles sont les arnaques financières les plus répandues ? Comment s'en protéger ?

L'expansion des nouvelles technologies s'est hélas accompagnée d'une diversité croissante en matière d'arnaques financières. De plus en plus retorses et faciles à mettre en place, ces dernières ne visent plus seulement des personnes vulnérables, mais aussi des internautes expérimentés.

Le « phishing » demeure de nos jours l'une des méthodes les plus répandues : il consiste en l'envoi de mails frauduleux qui imitent la communication d'institutions ou d'entreprises fiables (EDF, Chronopost...). Le logo et l'adresse électronique de l'organisme usurpé sont grossièrement répliqués. On recevra par exemple le mail suivant de la part d'un faux opérateur téléphonique : « Cher client, le dernier prélèvement mensuel relatif à votre abonnement a été refusé. » Il est ensuite demandé au destinataire de régulariser sa situation en cliquant sur un lien. Il va sans dire que toute somme versée est reçue par un escroc ! Soyez particulièrement vigilant en cas d'adresse électronique suspecte.

1. Cour d'appel d'Agen, 6 janvier 2016, n° 14-00480.

D'autres indices mettent la puce à l'oreille, notamment les fautes d'orthographe et les approximations – même si, je le rappelle, les arnaques sont de plus en plus sophistiquées et difficiles à identifier.

Le caractère urgent de la demande doit également alerter. En pratique, un opérateur téléphonique, une banque ou une institution officielle ne demande jamais à ses clients de s'acquitter d'une somme dans les vingt-quatre heures : cela serait abusif ! Au moindre doute, la prudence exige de contacter l'organisme en question, sans utiliser le numéro éventuellement inscrit dans le mail suspect – celui-ci sera lié à l'escroc – mais celui qui figure sur vos factures. Ayez également pour principe de ne jamais ouvrir de lien ni de pièce jointe suspecte ; connectez-vous plutôt à votre espace client, où vous devriez retrouver tous les documents pertinents. Pour plus de sécurité, il existe également des logiciels anti-phishing.

Les fraudes existent aussi en milieu professionnel, en particulier une méthode appelée « arnaque au faux président » qui consiste à contacter les salariés en se faisant passer pour le dirigeant de la société. Cela suppose que l'escroc soit renseigné sur l'organigramme : on a donc affaire à une arnaque élaborée, qui vise des individus en masse. Dans cette configuration, l'objet du courriel frauduleux est d'inciter à effectuer un virement bancaire confidentiel, avec un caractère d'urgence. Une telle demande doit inviter à la prudence : on sollicitera ses collègues ou son supérieur hiérarchique pour obtenir un avis extérieur. Précisons que ce type de fraude ne touche pas uniquement les grandes sociétés, mais aussi les petites et moyennes entreprises (PME).

Comme je l'ai mentionné, une banque peut être condamnée pour avoir manqué à son devoir de vigilance envers l'un de ses clients et autorisé des virements suspects. Dans le cadre d'une affaire datant de 2015, jugée en appel en 2023, une somme totale de 2 millions d'euros a été transférée par une société victime d'arnaque sur des comptes bancaires situés en Bulgarie. En l'occurrence, compte tenu des montants, de la destination et de la fréquence des virements – quatre sur une très courte période –, la banque aurait dû procéder à des vérifications. Un conseiller a bel et bien contacté la directrice comptable de la société par téléphone, mais cette démarche a été jugée insuffisante. Dans cette affaire, il a finalement été établi que la faute était partagée entre la banque et la société, avec toutefois une responsabilité plus importante de la première[1].

Un autre type d'arnaque très en vogue actuellement, appelé « spoofing », consiste à se faire passer pour un conseiller bancaire. Le caractère redoutable de cette méthode tient à ce que le téléphone de la victime affiche bien le numéro de la banque, une manipulation relativement facile à mettre en place grâce à un logiciel. La personne visée se sent donc immédiatement en confiance. Le faux conseiller lui demande alors

1. Cour d'appel de Grenoble, chambre commerciale, 9 novembre 2023, n° 22-03433.

d'effectuer un virement sous un prétexte fallacieux. Il est ensuite très difficile de se faire rembourser, même si, dans un arrêt récent, la Cour de cassation a estimé que la banque devait bel et bien indemniser les victimes en cas de spoofing[1]. Il n'est donc pas possible d'opposer la négligence du client pour refuser de lui restituer les fonds versés par erreur.

D'autres escroqueries plus spécifiques existent également : arnaques à la romance, à la loterie, à l'héritage… En toute situation, il convient de prendre du recul, et de se demander si l'on est vraiment concerné : ai-je vraiment joué à l'EuroMillions récemment ? Ai-je perdu un proche susceptible de me léguer de l'argent ? Quand le gain est « trop gros pour être vrai », la méfiance est de mise, et doit devenir un automatisme !

J'ai mentionné à plusieurs reprises la plateforme Pharos, qui rassemble entre autres des informations relatives aux fraudes et où chacun peut signaler des comportements illicites. En cas de versement d'une somme à un escroc, le recours à cette plateforme ne dispense pas de prévenir immédiatement sa banque et de déposer plainte contre X. Si l'établissement bancaire ne réagit pas, on lui rappellera ses obligations par courrier envoyé en recommandé avec accusé de réception.

1. Cour de cassation, chambre commerciale, financière et économique, 23 octobre 2024, n° 23-16267.

Quelle procédure entamer quand on est victime de cyberharcèlement ?

Forme de persécution trouvant son terrain de jeu en ligne, le cyberharcèlement prend parfois une ampleur démesurée lorsque plusieurs individus s'acharnent « en meute » sur leurs victimes. En fonction de leur personnalité et de leur histoire, ces dernières réagissent selon différents schémas : certaines parviennent à ignorer les brimades et à passer outre, ou cessent tout simplement de regarder ce qui se dit en ligne les concernant. D'autres, en revanche, voient leur vie bouleversée et vont jusqu'au suicide dans les cas les plus tragiques – c'est le cas d'une influenceuse de 33 ans, qui a mis fin à ses jours en 2021[1]. Même sans aller jusqu'au suicide, il est fréquent que les personnes visées par le cyberharcèlement souffrent de dépression et d'isolement, à défaut de savoir comment rompre le cycle de la violence numérique.

Il est primordial de garder à l'esprit que rien ne justifie le cyberharcèlement. Certains harceleurs expliquent leur comportement en ligne par des griefs qu'ils auraient envers leur victime, sans compter qu'en pratique, le harcèlement en ligne relève souvent d'une logique de « meute » agissant sans raison particulière.

1. Elisa Fernandez, « Suicide de Mava Chou : retour sur la "descente aux enfers" d'une influenceuse harcelée sur Internet », bfmtv.com, 10 janvier 2022.

Pour que le cyberharcèlement soit caractérisé, il doit présenter un caractère répétitif, même s'il n'existe pas de seuil précis, et avoir pour conséquence de dégrader les conditions de vie de la victime ainsi que sa santé mentale ou physique[1]. Sachez en outre que le cyberharcèlement sexuel est lui aussi condamné : il convient pour cela de démontrer que des persécutions répétées à connotation sexuelle ou sexiste ont porté atteinte à la dignité de la victime en raison « de leur caractère dégradant ou humiliant », ou qu'elles ont créé « une situation intimidante, hostile ou offensante à l'égard de la victime[2] ».

Dans les faits, démontrer l'existence du cyberharcèlement nécessite de rassembler autant de preuves numériques que possible. Il est utile d'effectuer des captures d'écran de tous les contenus offensants reçus, et de les faire authentifier par un commissaire de justice. Le coût de cette procédure dépend notamment du nombre d'éléments et de leur poids, par exemple de la longueur des messages ou des vidéos. Une ou plusieurs plaintes pourront ensuite être déposées contre X – la victime ne connaît pas toujours l'identité des personnes qui s'acharnent sur elle derrière leur écran. En parallèle, on pensera également à signaler tous les contenus visés à l'hébergeur ou à la plateforme concernée, qui devra les bloquer ou les supprimer avant de prévenir à son tour les autorités compétentes[3].

1. Article 222-33-2-2 du Code pénal.
2. Article 222-33 du Code pénal.
3. Article 6 de la loi n° 2004-575 du 21 juin 2004 pour la confiance dans l'économie numérique.

Ces dernières années, différentes juridictions ont prononcé des condamnations à des peines d'emprisonnement dans des affaires de cyberharcèlement. L'affaire Mila[1], en particulier, avait notamment attiré l'attention des médias. Il n'y a donc pas d'impunité en ligne, même si les procès prennent du temps. Outre les peines d'emprisonnement et les éventuelles amendes, des sanctions complémentaires peuvent être ordonnées, notamment le bannissement du harceleur de la plateforme en ligne ou du réseau social où l'infraction a été commise. Les fournisseurs d'accès du service concerné doivent procéder à la suspension du compte aussitôt qu'ils sont avertis de la condamnation. L'auteur des faits ne pourra pas non plus créer de nouveau compte pendant la période de bannissement, qui dure au maximum six mois et jusqu'à un an en cas de récidive[2].

Devenir influenceur : une source de revenus fiable ?
Quel contenu privé a-t-on le droit de dévoiler ?
Que faut-il éviter de publier en ligne ?

Les influenceurs sont des personnalités qui rassemblent des communautés en ligne plus ou moins larges, et qui mobilisent leur notoriété, souvent à

---

1. « Affaire Mila : peines alourdies en appel pour deux prévenus », *Le Monde*, 31 janvier 2023.

2. Loi n° 2024-449 du 21 mai 2024 visant à sécuriser et à réguler l'espace numérique.

titre onéreux, pour faire la promotion de biens, de services ou d'autres produits[1]. Le nombre d'abonnés n'est pas un critère déterminant : il est possible d'être influenceur avec 15 000 abonnés comme avec plusieurs millions. La rémunération est elle aussi très variable, allant de quelques centaines à plusieurs dizaines de milliers d'euros par mois. Les influenceurs choisissent librement ce qu'ils postent : contenu créatif, humoristique, instants de leur vie privée... De nos jours, les réseaux sociaux comme TikTok, Instagram, YouTube ou Snapchat proposent une offre de plus en plus diversifiée.

Il y a quelques années encore, peu de personnes étaient actives dans le monde de l'influence. En 2023, elles sont désormais près de 150 000 à exercer ce métier à titre principal ou secondaire[2]. La concurrence est donc devenue rude, et seule une minorité d'influenceurs parviennent à vivre de leur activité. Envisager l'influence comme projet professionnel semble donc risqué, à moins d'utiliser les réseaux sociaux pour arrondir des fins de mois tout en maintenant une activité professionnelle principale. Dans tous les cas, les revenus issus de l'influence sont évidemment imposables et doivent être déclarés.

En pratique, l'essentiel de ces revenus provient des « placements de produits » et de la rémunération par

1. Loi n° 2024-449 du 21 mai 2024 visant à sécuriser et à réguler l'espace numérique.

2. Guide de bonne conduite : influenceurs et créateurs de contenus, juin 2023.

les différentes plateformes. Avant de se lancer, il est préférable de créer une entreprise, et de se référer à un avocat fiscaliste ou à un expert-comptable afin de savoir quel type de société est le plus adapté. Tout placement doit par ailleurs faire l'objet d'un contrat signé par l'annonceur et l'influenceur. Les négociations sont parfois délicates, mais il n'est pas acceptable de diffamer une marque ni de la dénigrer parce que l'on n'est pas satisfait du contrat qu'elle propose.

Dans l'hypothèse où la promotion en ligne réalisée par l'influenceur est rémunérée, celui-ci est tenu de le mentionner explicitement, en ajoutant par exemple à son post, et de façon visible, la mention « publicité » ou « collaboration commerciale ». À défaut, il s'expose à de lourdes sanctions pour pratiques commerciales trompeuses[1]. Il va sans dire que la description du produit ou du service doit par ailleurs être fidèle à la réalité : il est tentant d'affirmer que l'article dont on vante les mérites est « bio », « made in France » ou « naturel », mais gare à la publicité mensongère !

En matière de placement, il existe aujourd'hui une législation prohibant certains contenus. Les influenceurs n'ont par exemple pas le droit de faire la promotion de la chirurgie esthétique ni des jeux de hasard, de la contrefaçon, des médicaments ou encore du tabac – cela pour des raisons qui, avec le recul, semblent évidentes. Pourtant, le monde de l'influence a longtemps été très peu contrôlé, évoluant dans un véritable

1. Article L121-3 du Code de la consommation.

vide juridique. C'est en 2023 qu'une loi a été votée dans le but de réguler les dérives du milieu[1]. Quiconque se lance aujourd'hui dans l'influence doit donc être particulièrement attentif, car les contrôles et les condamnations se font de plus en plus fréquents : entre 2022 et 2023, la Direction générale de la concurrence, de la consommation et de la répression des fraudes (DGCCRF) a contrôlé plus de 300 influenceurs[2]. Les sanctions financières s'accompagnent généralement d'une obligation pour la personne visée de communiquer sur sa sanction[3].

Je suis une personnalité publique ou j'ai une communauté en ligne : quelles précautions dois-je prendre ?

En principe, les personnalités publiques actives sur les réseaux sociaux ont les mêmes obligations et contraintes que les autres internautes : elles bénéficient d'une liberté d'expression encadrée par la loi, et doivent notamment s'abstenir de diffamer, dénigrer ou injurier. Toutefois, on considère aujourd'hui que les

1. Loi n° 2023-451 du 9 juin 2023 visant à encadrer l'influence commerciale et à lutter contre les dérives des influenceurs sur les réseaux sociaux.

2. Paméla Rougerie, « Dérives des influenceurs : la DGCCRF épingle la moitié des stars contrôlées, certaines pourraient être poursuivies », *Le Parisien*, 3 avril 2024.

3. « Les influenceurs Illan Castronovo et Simon Castaldi épinglés pour "pratiques commerciales trompeuses" », *Le Parisien*, 1er juin 2023.

personnes suivies par une large communauté ont un devoir tacite d'exemplarité. Elles seront plus facilement épinglées qu'un utilisateur anonyme en cas de publication problématique, et doivent par exemple redoubler de prudence en ce qui concerne l'exposition de leur vie privée ou de leurs enfants sur les réseaux sociaux.

De manière générale, il n'est pas recommandé de divulguer des informations personnelles en ligne, qu'il s'agisse de photos ou de vidéos de son logement, de son adresse ou de ses dates de vacances (on ferait alors le jeu des cambrioleurs). Il convient de rester très attentif à ce que l'on publie, sans oublier de veiller à la sécurité de ses comptes en privilégiant l'identification à deux facteurs contre les piratages et l'usurpation d'identité. Certains réseaux sociaux proposent en outre aux profils d'être « vérifiés », gratuitement ou non, ce qui constitue un gage supplémentaire de sécurité. Instagram et X ont ainsi mis en place un système de certification payant, indépendant du degré de notoriété du demandeur, auquel il est seulement demandé de prouver son identité.

Que risque-t-on si l'on plagie le travail de quelqu'un ?

Le plagiat consiste à s'approprier le travail d'un tiers sans citer sa source, par exemple dans le cadre d'un devoir d'école, d'un mémoire, d'une thèse ou encore d'un livre. Une telle pratique, en plus d'être immorale, est sanctionnée, la sévérité de la peine variant en fonction du contenu plagié et de la gravité des « emprunts ».

Dans le domaine académique, un professeur confronté à un cas de plagiat a le choix d'attribuer à l'étudiant fautif la note de 0, de l'exclure temporairement ou encore d'invalider son diplôme dans les cas extrêmes, en particulier s'il s'agit d'une thèse. En pratique, c'est le règlement intérieur de l'établissement qui prévoit les sanctions. Cela dit, le plagiat portant atteinte au droit d'auteur, une action civile peut également être engagée, associée à une demande de dommages et intérêts : il sera alors nécessaire de démontrer à la fois l'existence du plagiat et le préjudice subi par la victime, qu'il soit économique ou moral, ainsi que le lien entre les deux.

D'un point de vue pénal, le plagiat constitue un délit réprimé par une lourde peine allant jusqu'à trois ans d'emprisonnement et 300 000 euros d'amende[1]. Bien entendu, il s'agit là de la peine maximale et non d'une moyenne ; son caractère dissuasif démontre néanmoins qu'il s'agit d'une infraction prise au sérieux, et fermement sanctionnée. Afin d'éviter tout malentendu, la méthode la plus sûre, lorsqu'on rédige un texte, consiste à mentionner systématiquement ses sources et à citer entre guillemets tous les extraits qui ne sont pas de soi. En cas de doute, on utilisera un logiciel antiplagiat.

---

1. Article L335-2 du Code de la propriété intellectuelle.

On révèle des informations confidentielles sur moi en ligne : que faire ?

Chacun est libre d'utiliser un pseudonyme sur les réseaux sociaux, et de garder privée sa véritable identité. Hélas, certains internautes malintentionnés, dans un but de harcèlement, de nuisance ou d'intimidation, n'hésitent pas à révéler en ligne les coordonnées des autres sans leur consentement lorsqu'ils en ont connaissance.

Cette pratique, appelée « doxing », est pénalement répréhensible. Il peut s'agir d'attaques mineures – par exemple, inscrire quelqu'un dont on connaît l'adresse mail à une liste de diffusion – ou d'atteintes plus graves, notamment la révélation publique des informations personnelles d'un tiers sous pseudonyme comme son adresse, son lieu d'exercice ou encore son numéro de téléphone. Ces actes malveillants s'accompagnent souvent d'un cyberharcèlement massif et engendrent des conséquences potentiellement désastreuses.

La notion de « doxing » est entrée dans la loi en 2021. Depuis, ce délit est réprimé par une peine allant jusqu'à trois ans d'emprisonnement et 45 000 euros d'amende, en l'absence de circonstances aggravantes[1]. Parmi ces dernières, on compte en particulier le fait de s'en prendre à une victime mineure. La peine

1. Article 223-1-1 du Code pénal.

maximale s'élève alors à cinq ans d'emprisonnement et 75 000 euros d'amende.

Outre les conséquences juridiques, il est à noter que le doxing crée chez la personne visée un sentiment de vulnérabilité et de peur, pour elle-même ainsi que pour ses proches. Les répercussions professionnelles et familiales sont parfois dramatiques : afin de s'en prémunir, il convient de réagir rapidement en collectant des preuves et en les faisant authentifier par un commissaire de justice. On protégera naturellement l'accès à ses comptes en ligne en modifiant ses mots de passe si nécessaire, et l'on déposera plainte au commissariat ou en écrivant directement au procureur de la République, soit contre l'auteur des faits si l'on est en mesure de l'identifier avec certitude, soit contre X.

Droit médical : prendre soin de sa santé et savoir se défendre

Chirurgie esthétique ratée : quels recours ?

Autrefois rare et plutôt réservé aux célébrités, le recours à la chirurgie esthétique s'est généralisé. Qu'il s'agisse de médecine esthétique légère, par exemple d'injections de botox, ou d'opérations chirurgicales plus lourdes comme la liposuccion, petites et grandes interventions sont désormais assumées. L'effet de mode est incontestable ; pour autant, il est important de ne porter aucun jugement sur les personnes qui choisissent de se faire opérer, car beaucoup en retirent une nette amélioration en matière de bien-être psychologique.

Les opérations de chirurgie esthétique ne sont toutefois pas anodines. Il s'agit de gestes médicaux aux conséquences potentiellement lourdes, raison pour laquelle tout praticien digne de ce nom avertit scrupuleusement son patient des risques encourus, sans omettre de lui octroyer en sus un délai de réflexion avant l'intervention. Bien que les techniques chirurgicales progressent sans cesse, aucun praticien n'a la certitude absolue d'obtenir le résultat escompté. Les médecins sont d'ailleurs soumis à une obligation de moyens renforcée, et non de résultat : autrement dit, ils sont tenus de tout mettre en œuvre afin d'obtenir le meilleur résultat possible, mais pas d'atteindre la perfection à chaque intervention.

Bien entendu, lorsqu'on décide de se faire opérer, il est essentiel de communiquer le plus précisément possible au chirurgien les changements physiques que l'on espère obtenir. En cas de « ratage », ou si l'aspect physique est manifestement pire après l'opération, la première chose à faire est d'en parler au professionnel de santé concerné : dans la plupart des cas, celui-ci proposera spontanément une retouche gratuite. Néanmoins, certains patients déçus perdent confiance en leur praticien et ne souhaitent pas être réopérés. Tout dépend de la situation : une chirurgie ratée entraînant des séquelles n'a rien à voir avec un résultat globalement acceptable, bien qu'un peu différent de ce à quoi on s'attendait.

Dans l'hypothèse où un litige oppose le chirurgien au patient, et que ce dernier souhaite agir en justice, il est préférable qu'il se rapproche d'un professionnel du droit. Il sollicitera également des expertises médicales afin de démontrer son préjudice. Tous les documents en sa possession seront fournis, notamment les photos prises avant et après l'intervention ainsi que les comptes rendus postopératoires. En cas de faute avérée commise par le chirurgien et ayant causé un préjudice esthétique, voire moral, un dédommagement sera envisagé. En parallèle, le patient a la possibilité d'alerter par courrier libre le conseil de l'Ordre s'il estime qu'une faute déontologique a été commise – par exemple, le non-respect du délai de réflexion ou des informations insuffisantes concernant les risques liés à l'opération.

Aller se faire opérer à l'étranger pour payer moins cher : est-ce une bonne idée ?

Le coût d'une opération de chirurgie esthétique atteint facilement plusieurs milliers d'euros : faute d'en avoir les moyens, beaucoup se tournent vers de « faux professionnels » qui exercent dans des conditions douteuses, ou encore à l'étranger. Le but recherché est d'obtenir un résultat acceptable à moindres frais. Or il s'agit là d'une prise de risques considérable, susceptible de se conclure par une catastrophe.

Aussi, les injections ou opérations réalisées par des non-professionnels sont à proscrire absolument : outre que cela relève du délit d'exercice illégal de la médecine[1], le danger potentiel pour la santé du patient est tel que le jeu n'en vaut pas la chandelle.

De nos jours, il existe des *tour operators* qui proposent des séjours « tout compris », chirurgie incluse. Si tous ne correspondent pas à des escroqueries, la méfiance reste de mise : beaucoup de publicités sont

1. Article L4161-1 du Code de la santé publique.

mensongères, en particulier sur les réseaux sociaux. Des prix anormalement bas ne doivent pas attirer, mais alerter. Lorsqu'on décide malgré tout de se faire opérer à l'étranger, il est primordial de demander toutes les informations pertinentes par écrit, dans une langue que l'on comprend, et de prendre le temps de lire l'ensemble des clauses listées. On veillera également à rencontrer les professionnels qui vont nous opérer ainsi que l'anesthésiste[1]. En parallèle, il est utile de contacter son assurance et sa mutuelle pour savoir si les opérations se déroulant à l'étranger sont bien couvertes. La législation en vigueur variant beaucoup d'un pays à l'autre en matière de santé, il convient là encore de se renseigner en amont.

Notez que certains *tour operators* proposent des contrats incluant des clauses de non-responsabilité afin de se dédouaner en cas de litige. Certaines de ces clauses sont abusives et pourront être écartées au moyen d'une démarche contentieuse ; en cas de litige, la recherche de responsabilité n'en sera pas moins complexe, puisque le patient n'aura pas été opéré en France.

Retenez que le recours au tourisme médical pose des difficultés tant médicales que juridiques. Il est fréquent que des nécroses, cicatrices et autres complications postopératoires obligent les patients à consulter en urgence à leur retour – auquel cas le coût total

1. Virginie Goblet, « Le tourisme médical, une pratique risquée », *Dernières Nouvelles d'Alsace*, 2 octobre 2023.

sera finalement plus élevé que celui d'une intervention prévue en France sans *tour operator*[1].

Je ne suis pas satisfait de mon médecin : puis-je faire du chantage aux avis Google ?

Certains chirurgiens sont très présents sur Internet et font régulièrement la promotion en ligne de leur activité, parfois à la manière des influenceurs. Les opérations ne sont certes pas filmées comme cela peut être le cas outre-Atlantique, mais la vitrine des réseaux sociaux leur permet de dévoiler leur quotidien de médecin. D'autres encore disposent d'une page Google classique.

De leur côté, les patients sont nombreux à émettre des avis et à attribuer des notes à leur chirurgien. Après une intervention ratée, certains n'hésitent pas à poster des photos, voire à interpeller nommément le praticien qu'ils jugent responsable. Cette méthode est bien sûr déconseillée, puisqu'elle frôle la diffamation et le chantage. Il n'est pas interdit de raconter son expérience en ligne, mais mieux vaut rester très factuel, et contacter dans un premier temps le chirurgien concerné pour lui signifier son mécontentement, éventuellement par courrier recommandé. En pratique, parfois, les professionnels préféreront

1. Dominique Legros et François Marlin, « Tourisme médical *low cost* : des “ratés” trop nombreux en chirurgie esthétique, selon les professionnels », francetvinfo.fr, 18 septembre 2023.

dédommager un patient insatisfait que de voir leur réputation ternie.

Peut-on obtenir un arrêt de travail pour burn-out ?

L'épuisement professionnel, également désigné par l'expression *burn-out*, correspond à une situation de surcharge où le salarié voit sa santé se détériorer. Les réactions à ce type de mal-être sont diverses mais, bien souvent, les travailleurs concernés sont tentés de rester chez eux sans informer leur employeur de leur état de détresse ni fournir de certificat médical. Malheureusement, cette stratégie finit par se retourner contre eux ! Un refus de se présenter sur son lieu de travail correspond à un abandon de poste : il s'agit d'une faute professionnelle susceptible de justifier un licenciement. Pendant toute la durée de la suspension, aucun salaire ne sera perçu et l'inscription à France Travail sera refusée. Ce procédé est donc à proscrire : rester chez soi représente certes un soulagement à court terme, mais on est rapidement rattrapé par des conséquences professionnelles sérieuses.

Mieux vaut se tourner vers un professionnel de santé dès les premiers signes d'épuisement. Le *burn-out* est reconnu comme une maladie professionnelle à deux conditions : d'abord, un lien direct doit être établi entre le travail effectué par l'individu et le mal-être qu'il ressent ; ensuite, ce mal-être doit entraîner une incapacité permanente d'au moins 25 % (sachez que, dans les cas les plus graves, le *burn-out* peut mener au décès)[1]. Lorsque ces deux conditions sont réunies, le comité régional de reconnaissance des maladies professionnelles (CRRMP) est à même d'amorcer une procédure. La CPAM transmet alors à l'employeur une déclaration de maladie professionnelle, et procède à une instruction dans le but de vérifier que le *burn-out* est bien lié au travail de l'individu.

Une évolution récente est toutefois à souligner : en 2024, le Conseil d'État a validé la légitimité des arrêts de travail pour motif de *burn-out*, estimant qu'il ne s'agissait pas de « certificats de complaisance ». Un médecin peut donc désormais prescrire un arrêt de travail à un employé qui montre des signes d'épuisement professionnel. Il s'agit d'un véritable assouplissement de la loi au profit des salariés : « La seule circonstance que le médecin ait fait état de ce qu'il avait constaté l'existence d'un syndrome d'épuisement professionnel sans disposer de l'analyse des conditions de travail du salarié émanant notamment du médecin du travail ne saurait caractériser l'établissement d'un certificat tendancieux ou de complaisance au sens des dispositions de l'article R. 4127-28 du code de la santé publique[2]. » Le sujet est actuellement examiné par la chambre disciplinaire nationale de l'Ordre des médecins, et il est probable que d'autres évolutions interviennent prochainement.

1. Article L. 461-1 du Code de la Sécurité sociale.
2. Conseil d'État, 28 mai 2024, n°469089.

Le *bore-out*, quoique moins connu et très différent du *burn-out*, désigne lui aussi une forme de détresse relative à la vie professionnelle. Il s'agit d'un mal-être ressenti par les salariés sous-occupés, souffrant d'un ennui profond et d'une perte de sens dans l'accomplissement de leurs missions. De prime abord, cela paraît moins néfaste que le *burn-out*, mais en réalité, les conséquences sur la santé physique et mentale sont sérieuses. Une conversation à cœur ouvert avec l'employeur permet parfois un rééquilibrage dans la charge de travail ; à défaut, et lorsque des répercussions sur la qualité de vie se font sentir, il est important de consulter un médecin sans attendre.

Un employeur peut-il me demander le motif de mon arrêt maladie ?

En France, le nombre d'arrêts maladie ne cesse d'augmenter, ce qui impacte négativement le fonctionnement des entreprises[1]. Entre la gestion de l'absentéisme et les coûts financiers associés, les employeurs ont du mal à cacher une certaine frustration, et demandent parfois à connaître le motif d'un arrêt maladie. Sachez qu'ils n'en ont pourtant pas le droit. Le certificat médical fourni par le médecin doit uniquement contenir la durée de votre absence, le reste étant couvert par le secret médical.

1. « Les arrêts maladie en forte hausse, l'assurance maladie appelle à réfléchir à un système plus "soutenable" », AFP, 9 septembre 2024.

Un employeur suspicieux a néanmoins la possibilité de solliciter un contrôle médical complémentaire par l'intermédiaire d'un médecin mandaté. Néanmoins, même dans ce cas de figure, le secret professionnel reste de mise : seule la validité de l'arrêt sera infirmée ou confirmée par le professionnel de santé, sans qu'aucun détail ne soit livré quant à sa cause exacte. Le contraire relèverait d'une atteinte à la vie privée !

Mon employeur peut-il vérifier mon arrêt maladie ?

Lorsqu'un employeur juge un arrêt maladie abusif ou souhaite vérifier qu'un salarié est réellement malade, il a le choix, comme nous l'avons vu, de solliciter une contre-visite médicale au domicile de ce dernier ou au cabinet du médecin[1]. Précisons que le nouveau médecin ainsi désigné répond à un devoir de neutralité. Son rôle se limite à vérifier que l'état de santé du salarié est cohérent avec la durée de l'arrêt, et que l'éventuelle interdiction de sortie est respectée.

Mon employeur peut-il engager un détective privé pour me suivre pendant mon arrêt maladie ?

Dans le monde professionnel, les rumeurs vont bon train concernant des salariés qui utiliseraient

1. Article R1226-11 du Code du travail.

leurs arrêts maladie pour partir en vacances – ce dont leur employeur aurait ensuite connaissance par le biais des réseaux sociaux. On comprend alors que les entreprises souhaitent renforcer les processus de vérification, et s'assurer du bien-fondé de chaque arrêt. L'idée de recourir aux services d'un détective privé est ainsi en pleine expansion[1], pour un coût atteignant en moyenne plusieurs milliers d'euros par enquête – le chiffre varie bien entendu en fonction de la durée de la mission. Même les petites et moyennes entreprises sont prêtes à investir ces sommes non négligeables dès qu'un doute émerge[2].

Parfois, il s'agit de vérifier que le salarié ne profite pas de son arrêt maladie pour développer une autre activité professionnelle, ou effectuer du travail non déclaré chez un concurrent. Dans l'hypothèse où le détective privé découvre une activité incompatible avec l'état de santé supposé du travailleur, ce dernier risque un licenciement[3]. Le détective n'a néanmoins pas tous les droits : il lui est notamment interdit de violer la vie privée. Par exemple, il ne pénétrera en aucun cas dans le logement du salarié ni même dans son jardin afin de l'épier. Son domaine d'action se limite à l'espace public.

---

1. Philippine Robert, « Comment les détectives privés traquent les arrêts maladie abusifs », *Le Point*, 3 octobre 2023.

2. « Arrêts maladie : "les demandes ont doublé", quand les entreprises font appel à des détectives privés pour traquer les "faux malades" », *La Dépêche*, 9 octobre 2023.

3. Cour de cassation, chambre sociale, 6 février 2013, n° 11-23738.

Que faire après une cure de jeûne inefficace ou portant préjudice ?

Les cures de jeûne, comme d'autres pratiques visant à promouvoir le bien-être et la minceur, sont particulièrement en vogue. Souvent associées à la marche et à la méditation, elles n'ont pas pour unique but la perte de poids, même si c'est là ce que recherchent la plupart des patients : certains y voient une méthode de « détox » globale.

Outre l'aspect médical, les séjours de cure sont régis par des contrats et des conditions de vente qu'il convient de lire attentivement en amont. L'organisateur de la cure ne saurait s'engager à faire perdre aux participants un nombre précis de kilos : cela dépend naturellement du métabolisme de chacun, sans compter que la santé physique et mentale l'emporte sur la minceur.

Peut-on attaquer son médecin pour prescription d'un régime inefficace ou dangereux ?

Si les cures de jeûne sont conçues pour être pratiquées de manière ponctuelle, les régimes, qu'ils soient amaigrissants ou grossissants, font quant à eux partie du quotidien des patients souhaitant modifier leur poids. Le rôle du nutritionniste consiste alors à prescrire un régime adapté, qu'il s'agisse d'un rééquilibrage alimentaire global ou d'une méthode plus ciblée.

Distinguons les régimes inefficaces des régimes dangereux. Je rappelle que les médecins sont tenus à une obligation de moyens, et ne peuvent donc pas promettre au patient qu'il obtiendra exactement ce qu'il souhaite grâce à la méthode proposée. En cas de mécontentement, on pourra interrompre le régime afin d'échanger avec le professionnel de santé sur les manières de l'améliorer – ou, en dernier recours, changer de médecin. Un régime dangereux, en revanche, met en danger la santé du patient qui le pratique, en causant par exemple de graves carences. Dans ce cas de figure, il faut prouver que le médecin prescripteur a commis une faute : prescription inadaptée par rapport à l'état de santé ou aux antécédents du patient, manque d'information quant aux risques inhérents, négligence dans le suivi… Un lien devra ensuite être établi avec l'éventuel préjudice subi, qu'il soit physique, moral ou encore matériel lorsque des frais ont été engagés. Reste également la possibilité d'informer le conseil de l'ordre des médecins, en expliquant avec précision les faits dont on a été victime.

Peut-on attaquer son médecin en cas d'échec d'une AMP ou d'une congélation d'ovocytes ?

En France, l'assistance médicale à la procréation est désormais accessible à toutes les femmes. C'est également le cas de la congélation d'ovocytes[1]. À condition

1. Loi n° 2021-1017 du 2 août 2021 relative à la bioéthique.

de respecter certaines conditions, notamment les critères relatifs à l'âge, il est possible d'avoir recours à l'une ou l'autre de ces procédures partout dans l'Hexagone. Par le passé, nombreuses étaient les femmes qui, pour contourner l'interdiction française alors en vigueur, faisaient des allers-retours dans d'autres pays, comme l'Espagne[1].

Aujourd'hui, l'AMP est même remboursée par la Sécurité sociale, mais les listes d'attente sont très longues et les délais se mesurent en années. Précisons également que le coût lié à la conservation des gamètes n'est quant à lui pas pris en charge[2].

Que l'on s'engage dans l'une ou l'autre procédure, le médecin doit recueillir le consentement explicite et honorer son devoir d'information. La patiente doit ainsi être avertie des risques, des complications éventuelles et des chances de succès. Un résultat parfait n'est pas garanti, même si tout doit être mis en œuvre pour que la procédure aboutisse. Par exemple, si le nombre d'ovocytes collectés s'avère insuffisant et qu'une nouvelle ponction est nécessaire, la patiente ne pourra pas engager la responsabilité de son médecin, qui l'aura préalablement informée de cette éventualité. En revanche, si ce dernier commet une faute médicale entraînant un préjudice physique, moral ou esthétique,

1. Béatrice Colin, « Loi bioéthique : Avec la PMA pour toutes, les femmes tournent le dos à l'Espagne et consultent à nouveau en France », www.20minutes.fr, 21 juillet 2021.

2. « Loi du 2 août 2021 relative à la bioéthique », www.vie-publique.fr, 29 septembre 2021.

ou que le matériel utilisé au sein de la clinique est défectueux et engendre des complications, la situation sera différente. En l'absence d'issue amiable, il est alors recommandé de conserver le plus de preuves possible avant de s'engager vers la voie contentieuse.

Été :
Évadez-vous en toute tranquillité

La saison estivale est une période de transition et de mouvement. C'est le temps des mariages, ces émouvantes célébrations de l'amour où les engagements se concrétisent sous l'œil bienveillant des proches. Pourtant, l'été sonne aussi statistiquement la fin de beaucoup de couples, les tensions accumulées au cours de l'année trouvant leur point culminant pendant les vacances. On observe ainsi une augmentation du nombre de divorces entre juin et août.

En parallèle, la saison est naturellement marquée par les départs en vacances. Ces moments de détente et de déconnexion tant attendus sont parfois troublés par des obstacles susceptibles de gâcher le plaisir de voyager : arnaques à la location touristique, frais cachés pratiqués par les hôtels, complications liées à la location de voiture… Heureusement, de tels tracas sont facilement surmontables pour peu que l'on adopte les bons réflexes et que l'on réagisse avec célérité.

Enfin, l'été est une période où on laisse derrière soi son domicile inoccupé, vulnérable aux cambriolages.

Les départs en vacances coïncident sans surprise avec une hausse du nombre d'effractions : quelles mesures de vigilance faut-il alors prendre pour protéger son logement ? Des gestes simples de prévention suffisent à limiter les dégâts. Il est également utile de connaître ses droits en matière d'assurance.

Les moments de bonheur estivaux ne devraient jamais être ternis par des tracas juridiques. En alliant liberté et prudence, déjouez les pièges qui jalonnent cette saison et prémunissez-vous des principaux risques.

La saison des amours… et des séparations

Vaut-il mieux rester en concubinage ou se marier ?

Le mariage et le concubinage sont deux formes de vie en couple : le premier, à la différence du second, revêt un aspect légal. Le concubinage, quant à lui, suppose simplement d'habiter ensemble de manière stable et continue[1]. Il offre donc une certaine liberté : en cas de rupture, il n'existe aucune démarche particulière à effectuer. En revanche, il n'offre aucune sécurité : par exemple, aucune prestation compensatoire ne sera versée après la séparation, et le concubin ne sera pas pris en compte dans la succession lors du décès de son partenaire. Juridiquement, les concubins n'ont donc pas de lien financier particulier et ne se verront reverser aucune somme d'argent en cas d'accident de la vie, quand bien même il existerait entre eux une grande disparité de revenus. Dans l'hypothèse où l'un des partenaires reste au foyer et n'a pas de ressources propres en dehors de celles fournies par son concubin,

1. Article 515-8 du Code civil.

le niveau de protection est donc très faible. Ce sont souvent les femmes en concubinage qui en pâtissent, en plus de sacrifier leur vie professionnelle pour élever les éventuels enfants.

Le mariage est beaucoup plus protecteur, mais s'accompagne d'un certain nombre de contraintes et de devoirs : contribution aux charges du mariage, fidélité, secours ou assistance…

Vaut-il mieux se pacser ou se marier ?

Conçu comme une alternative au mariage, le Pacs n'a pas les mêmes implications juridiques que celui-ci. Son avantage est d'offrir aux partenaires une grande souplesse et moins de formalisme qu'une union en bonne et due forme. En termes de coût, le Pacs est aussi beaucoup moins onéreux à conclure – et à rompre. Symboliquement, il a cependant moins de poids qu'un mariage, même si cela varie selon la perception de chacun.

De manière générale, retenez que le Pacs est peu contraignant : les partenaires n'ont pas d'obligation juridique de fidélité, bien qu'ils se doivent une « assistance réciproque ». Toutefois, l'obligation de vie commune s'applique[1]. Sur le plan fiscal, les partenaires pacsés ont la possibilité, comme les époux, de réaliser une déclaration d'impôt commune.

1. Article 515-4 du Code civil.

Lorsqu'un des partenaires souhaite rompre le Pacs, aucune assistance juridique n'est requise : la procédure est réalisable à distance, et n'engendre pas de frais spécifiques – sauf en cas d'existence d'un bien immobilier commun, auquel cas l'intervention d'un notaire sera requise. Au contraire, en cas de divorce, même amiable, l'intervention d'un avocat est nécessaire auprès de chacune des parties et la procédure est parfois longue. La rupture d'un Pacs implique parfois que l'un des partenaires voie son niveau de vie chuter. L'autre n'a cependant aucun devoir de secours envers lui, et aucune prestation compensatoire ne sera versée.

S'agissant des enfants, la procédure est similaire à celle observée en cas de rupture de concubinage : les modalités relatives à la résidence de ceux-ci, à l'organisation des vacances scolaires et à la pension alimentaire seront réglées soit de façon amiable, soit devant le juge aux affaires familiales. La convention parentale homologuée par le juge est une option intéressante : il s'agit d'un accord amiable ayant la même valeur qu'un jugement, et qui permet aux parents séparés de rester en bons termes tout en bénéficiant de la sécurité d'une convention écrite. Précisons que dans le cadre d'un Pacs, il n'existe pas de présomption de paternité automatique comme c'est le cas pour les couples mariés : il faut donc effectuer les démarches nécessaires à la reconnaissance de l'enfant.

Enfin, en matière successorale, le conjoint est nettement avantagé par rapport au partenaire de Pacs, qui n'a pas vocation à hériter à moins que le testament de l'autre n'aille explicitement en ce sens.

Peut-on se séparer sans divorcer ?

En principe, le mariage impose de vivre sous le même toit. Il arrive toutefois que des époux souhaitent rester mariés sans habiter ensemble, pour des raisons qui leur sont propres (pratiques, religieuses, sociales...). Il existe alors une solution certes peu utilisée, mais qui a le mérite d'exister : la séparation de corps[1]. Sous ce régime, les époux vivent séparément, tandis que les autres devoirs inhérents au mariage – par exemple, la fidélité et le secours – restent applicables. La séparation de corps n'est donc en aucun cas un moyen de partir avec un autre partenaire sans s'embarrasser de la procédure de divorce !

Afin de mettre en place ce système, une procédure par consentement mutuel peut être envisagée. Les avocats des deux parties rédigent alors une convention, signée par les époux après un délai de réflexion de quinze jours et transmise à un notaire en vue d'être homologuée. À défaut de parvenir à un accord total sur le principe et les conséquences de la séparation de corps, l'époux demandeur saisira le juge aux affaires familiales. Dans les faits, une séparation de corps effective est convertible en divorce après deux années[2]. Au

1. Article 296 du Code civil.
2. Article 306 du Code civil.

contraire, elle cesse si les époux décident d'habiter à nouveau sous le même toit. Enfin, en ce qui concerne le régime matrimonial, il est à noter que la séparation de corps entraîne automatiquement une séparation de biens[1].

Pourquoi rédiger un contrat de mariage quand on est certain de ne pas vouloir divorcer ?

En principe – du moins, espérons-le – les personnes qui se marient le font en étant à peu près certaines de ne jamais divorcer. C'est par la suite que la situation se détériore, malgré la bonne volonté de l'un et de l'autre, se concluant parfois par une séparation qu'aucun des époux n'avait anticipée. En France, statistiquement, un mariage sur deux se solde par un divorce. Prévoir un contrat n'est donc pas une idée saugrenue, au contraire ! Rien n'empêche par la suite de modifier certaines clauses si nécessaire : par exemple, il est possible de convenir initialement d'une séparation de biens, puis de faire évoluer ce régime vers la communauté universelle. En l'absence de contrat, c'est le régime de la communauté réduite aux acquêts qui trouve à s'appliquer[2] : à compter de la date du mariage, les biens acquis par le couple sont réputés appartenir à égalité aux deux époux.

1. Article 302 du Code civil.
2. Articles 1400 et suivants du Code civil.

La rédaction d'un contrat de mariage est confiée à un notaire, pour un coût d'environ 500 euros. Elle est régie par des règles et ne permet pas l'insertion de n'importe quelle clause. Certains ont par exemple souhaité prévoir le paiement d'une « taxe d'infidélité », ou d'un dédommagement en cas de demande de divorce : il va sans dire que de telles conditions sont abusives ! L'objet du contrat de mariage est avant tout de régler l'aspect patrimonial de l'union.

Qui paie les frais du mariage si l'un des futurs époux ne se rend pas à la cérémonie ?

L'organisation d'une cérémonie de mariage représente une dépense importante. Dans l'hypothèse où l'un des futurs époux brille par son absence, il est légitime de se demander qui doit régler les frais associés. En pratique, cela dépend de l'accord établi au préalable entre les parties, mais aussi du motif de l'absence : rater la cérémonie pour raisons de santé n'est pas tout à fait pareil que de s'éclipser au dernier moment parce qu'on a changé d'avis ! Dans le premier cas de figure, on envisagera d'ailleurs un report plutôt qu'une annulation du mariage.

S'agissant des coûts liés à la location de la salle, au traiteur et aux autres aspects pratiques de la cérémonie, ils sont généralement réglés en amont. Ces frais restent dus, même si l'un des partenaires décide de son plein gré, au dernier moment, de ne pas se rendre à la cérémonie. Par acquit de conscience, il convient néanmoins de vérifier les différents contrats signés auprès des fournisseurs afin de déterminer si certaines clauses donnent droit à un remboursement, qu'il soit total ou partiel. Dans le cas où les futurs époux avaient convenu au préalable de partager équitablement les frais, cette répartition reste en principe valable : toutefois, la partie lésée pourra réclamer à l'autre le remboursement de sa part, en invoquant une rupture unilatérale de l'engagement. Elle arguera également du préjudice moral subi.

Heureusement, nous avons ici affaire à un cas de figure rare. Cela n'empêche pas de prévoir des filets de sécurité ! Il arrive même que la pression du mariage soit trop forte pour les deux partenaires à la fois, et que ceux-ci renoncent d'un commun accord à leur projet d'union.

Peut-on attaquer le traiteur du mariage si l'on tombe malade ?

Dans le cadre de l'organisation d'une cérémonie de mariage, la grande majorité des couples ont recours aux services d'un traiteur. Cela se passe généralement sans difficulté, mais il arrive que des convives souffrent d'intoxication alimentaire après avoir consommé les mets proposés. Il convient alors d'identifier le nombre de personnes malades : plus celui-ci est important, plus le lien avec le service du traiteur est évident.

Le traiteur est naturellement soumis au respect des normes d'hygiène et de sécurité en vigueur. Il lui incombe de s'assurer de la qualité des aliments, du respect de la chaîne du froid, de la méthode de cuisson ou encore du mode de transport des plats servis aux invités.

Le premier réflexe à adopter en cas de problème consiste à informer le traiteur de la situation. Dans le cadre d'une discussion amiable, celui-ci proposera généralement un geste commercial. En l'absence de réponse, ou s'il refuse de reconnaître son erreur, on lui adressera une mise en demeure en lui accordant un délai pour trouver une solution, sans quoi les juridictions compétentes seront saisies. Comme toujours, je recommande d'envoyer ce courrier par lettre recommandée avec accusé de réception, et d'en conserver une copie. On y joindra des attestations sur l'honneur de tous les convives ayant souffert d'intoxication alimentaire, accompagnées d'une copie de leur pièce d'identité.

Avant d'engager la responsabilité du traiteur, il convient de s'assurer que l'on est en mesure de fournir des preuves – par exemple, une méthode de transport inadaptée ayant conduit à une altération de la qualité des aliments, ainsi que des certificats médicaux attestant le préjudice subi et faisant le lien avec les plats consommés. Enfin, il conviendra de chiffrer ce préjudice : quelle est l'ampleur des conséquences sur la cérémonie ? Retenez que toute action en justice exigera d'apporter des preuves, notamment le contrat initialement conclu avec le traiteur.

Faut-il payer les dettes contractées par son conjoint ?

Même mariés, des époux restent libres de contracter des crédits chacun de leur côté. En principe, cela n'engage que le débiteur de manière individuelle. Supposons que l'un des conjoints emprunte 500 euros à un ami : en cas de non-remboursement, celui-ci ne pourra pas se retourner contre l'autre conjoint.

Il en va différemment des dettes liées à l'entretien du ménage et à l'éducation des enfants – dans ce cas, les époux sont solidaires[1]. Sont concernés notamment les crédits destinés à couvrir les frais de vie courante de la famille (eau, électricité, alimentation), les frais de scolarité ou les dépenses extrascolaires liées aux enfants. En cas de différend, la première chose à faire consiste donc à prouver le caractère ménager de la dette.

Il existe toutefois des exceptions : lorsqu'une dette est manifestement excessive au regard des revenus du foyer, la solidarité ne s'applique plus. Le caractère excessif ne dépend pas tant du montant lui-même que de sa cohérence avec le niveau de vie du ménage. L'acquisition à crédit d'un bien de luxe ne sera pas jugée excessive dans le cas d'une famille très aisée, mais le sera pour un foyer plus modeste[2]. Lorsqu'une dépense

1. Article 220 du Code civil.
2. Cour de cassation, 1re chambre civile, 8 juin 2011, n° 09-71344.

inconsidérée a eu lieu, la bonne ou mauvaise foi de l'époux qui a contracté la dette est prise en considération : à titre d'exemple, une dette de jeu sera généralement considérée comme une dépense à la fois inutile[1] et manifestement excessive, ce qui explique que la solidarité soit en principe écartée[2].

En somme, pour savoir si l'on doit être solidaire de la dette de son époux, il convient de s'assurer que celle-ci est destinée à financer l'entretien du foyer ou l'éducation des enfants, puis de vérifier qu'elle n'est pas manifestement disproportionnée. Ce n'est donc pas le montant lui-même qui doit être analysé, mais le contexte et la finalité du crédit.

Peut-on réellement divorcer pour 300 euros ?

Outre qu'il représente une période difficile sur le plan psychologique, un divorce entraîne également des coûts non négligeables. C'est pourquoi certains couples restent mariés pour des raisons uniquement financières : une procédure de divorce et le financement de deux logements séparés seraient trop lourds à assumer.

En pratique, le coût du divorce dépend de plusieurs paramètres : d'abord, sa nature (amiable ou contentieux), mais aussi le choix des avocats qui, pour

1. Cour de cassation, 1re chambre civile, 5 novembre 2009, n° 08-21.659.
2. Cour de cassation, 1re chambre civile, 14 décembre 2004, n° 01-13.880.

rappel, sont libres de fixer leurs honoraires comme ils le souhaitent. Il n'existe donc pas de barème préétabli permettant de connaître avec certitude le prix à payer ; sachez néanmoins que certains professionnels ont lancé un business de divorces « low cost » défiant toute concurrence. Ces dernières années, on a en effet vu fleurir sur Internet des « sites dédiés au divorce » affichant des prix étonnamment bas, et proposant des formules alléchantes pour une séparation « pas chère et rapide ».

Précisons que ces divorces à prix cassé ne sont pas du tout personnalisés, et fonctionnent par des formulaires préremplis. Le prix est dégressif lorsque les deux époux acceptent de s'en remettre au même site, ce qui contrevient au principe de libre choix de l'avocat. Cette simple contradiction doit suffire à alerter. D'autre part, le risque majeur encouru par les époux réside dans la signature d'une convention de divorce mal ficelée, susceptible d'être remise en cause ultérieurement – ce qui implique de se lancer dans une nouvelle procédure, en payant des honoraires à d'autres avocats ! À trop vouloir aller vers du « low cost », on finit par payer sa séparation deux fois.

En 2024, le tribunal judiciaire de Versailles a ainsi annulé un divorce par consentement mutuel. L'épouse estimait avoir été flouée par une avocate qu'elle n'avait jamais rencontrée. Dans les faits, les avocats des deux parties travaillaient pour le même cabinet et l'épouse n'avait pas bénéficié de la moitié du bien immobilier acheté avec son ex-mari, alors qu'elle y avait droit.

Elle n'avait pas non plus reçu de prestation compensatoire, là encore en dépit du bon sens car sa situation le lui permettait[1]. Or la conséquence d'une telle annulation est simple : les époux se retrouvent de nouveau mariés[2]. Ils doivent entreprendre de nouvelles démarches, en prenant cette fois-ci leur temps et en acceptant de payer le juste prix. Un divorce, même par consentement mutuel, ne peut pas être réglé en quelques clics !

Comment payer son divorce le moins cher possible ?

Il est naturel de chercher à limiter les frais associés à une séparation. En France, depuis 2017, il n'est cependant plus possible pour un couple de prendre un avocat commun afin de réduire les dépenses ; chaque partie doit être conseillée de manière indépendante. Pour rappel, les honoraires varient selon la complexité du divorce, la renommée du professionnel ou encore le temps passé sur le dossier. Ainsi, les avocats des époux peuvent pratiquer des honoraires différents sans que cela soulève de difficulté particulière.

Dans un premier temps, il est pertinent de vérifier ses droits à l'aide juridictionnelle et de consulter son assurance protection juridique, qui prendra en charge

1. Paula Pinto Gomes, « Une décision de justice révèle les risques du divorce par consentement mutuel en ligne », *La Croix*, 5 juin 2024.

2. Bérangère Lepetit, « La justice annule leur divorce à l'amiable, jugé trop déséquilibré : "Il a été obtenu sur la base d'un mensonge" », *Le Parisien*, 7 juin 2024.

éventuellement tout ou partie des frais du divorce en fonction du contrat souscrit. À défaut, je recommande d'interroger plusieurs avocats et de comparer les coûts – en gardant à l'esprit que certains professionnels pratiquent un taux horaire, tandis que d'autre proposent des forfaits. La seconde solution est certainement plus rassurante pour le client, mais la première a l'avantage d'offrir un aperçu plus juste de toutes les diligences facturées. Notez que la nature du divorce a ici toute son importance : une séparation amiable coûtera moins cher qu'une procédure contentieuse nécessitant des audiences devant le juge aux affaires familiales.

Lorsque l'avocat pratique un taux horaire, une manière de limiter les dépenses consiste à optimiser le temps passé avec lui. On triera donc soi-même ses documents en amont de chaque entrevue avant de les scanner, de les convertir au format PDF et de les intituler correctement. Le gain de temps sera considérable par rapport à certains clients qui envoient des photographies mal cadrées ! On anticipera également la liste des pièces justificatives à fournir : acte de naissance et de mariage datant de moins de trois mois, livret de famille, contrat de mariage… Préparer son dossier, c'est gagner du temps, donc de l'argent !

Dans certains cas de figure, l'une des parties obtient de l'autre le paiement ou le remboursement de ses frais d'avocat. Cela peut arriver dans le cadre d'un divorce amiable, l'époux ayant les revenus les plus importants peut prendre en charge les frais de l'autre. En cas de séparation contentieuse, l'époux nécessiteux a la possibilité de solliciter une provision pour frais d'instance, qui sera accordée ou non par le juge aux affaires familiales[1]. Il convient alors de conserver tous les justificatifs pertinents, notamment les factures d'avocat déjà réglées.

Enfin, les divorces impliquant le partage d'un ou de plusieurs biens immobiliers nécessitent d'avoir recours à un notaire, qui réclamera lui aussi des frais. Ceux-ci sont toutefois fixes.

Dans quels cas envisager un divorce pour faute ?

Les divorces amiables ont naturellement plus de chances de se passer dans la sérénité que les divorces contentieux. Le divorce pour faute, en particulier, cristallise des tensions où chacune des parties cherche à tout prix à obtenir gain de cause. À la douleur inhérente à toute séparation s'ajoute alors un sentiment de rancœur.

Contrairement à une idée répandue, le divorce pour faute existe toujours d'un point de vue juridique. Il couvre les cas dans lesquels l'un des époux a commis des manquements graves ou répétés des devoirs ou des obligations du mariage, rendant intolérable le maintien de la vie commune[2]. Bien sûr, en cas de violences conjugales, le critère de répétition ne s'applique pas :

1. Article 255 du Code civil.
2. Article 242 du Code civil.

un seul acte de violence correspond déjà à une faute, en plus de constituer un délit[1].

Parmi les autres fautes susceptibles d'être prises en considération, on compte l'abandon du domicile conjugal[2], l'absence de contribution aux charges du mariage, l'adultère[3] ou encore les propos injurieux[4]. Une fois la faute identifiée – parfois, on en compte plusieurs –, la partie lésée doit apporter des éléments de preuve devant le juge aux affaires familiales et faire la démonstration d'un préjudice subi en raison de cette faute, avant de chiffrer sa demande en termes de dommages et intérêts. Il est à noter que les éléments de preuve doivent être obtenus de façon loyale : en particulier, les témoignages de tiers s'avèrent souvent utiles, qu'il s'agisse de membres de la famille, d'amis, de collègues ou d'autres témoins ayant assisté à des scènes litigieuses. En pratique, ce sont souvent des personnes très proches qui prennent la parole, dans des termes favorables à la partie lésée. Chaque témoignage doit être daté, signé et accompagné d'une copie de la pièce d'identité de l'auteur[5]. Ce dernier devra également préciser son éventuel lien de parenté avec le bénéficiaire de l'attestation. S'agissant du contenu, je recommande de rester le

1. Cour de cassation, 1re chambre civile, 17 décembre 2014, n° 13-24244.
2. Cour de cassation, 1re chambre civile, 19 octobre 2011, n° 10-25565.
3. Cour de cassation, 1re chambre civile, 30 septembre 2009, n° 08-16563.
4. Cour de cassation, 1re chambre civile, 6 février 2007, n° 06-11895.
5. Article 202 du Code de procédure civile.

plus factuel possible. Il reviendra ensuite au juge, par voie d'enquête, de procéder à l'audition du témoin s'il le juge nécessaire[1].

Les SMS, courriels et courriers sont également des moyens de preuve fréquemment utilisés, au même titre que les certificats médicaux ou les ordonnances dès lors qu'il s'agit de démontrer un préjudice subi. Une femme confrontée à l'infidélité de son mari, et sombrant dans la détresse à cause de cette situation, pourra par exemple arguer d'une prescription d'antidépresseurs fournie par son médecin pour appuyer ses propos. En situation de violences conjugales, si l'une des parties bénéficie d'une ordonnance de protection ou est capable de prouver que l'auteur des violences a été condamné pénalement, elle aura la possibilité de fournir l'ordonnance et/ou le jugement en tant qu'éléments de preuve dans le cadre de la procédure de divorce.

Comme nous l'avons mentionné, les fautes ont parfois un caractère financier. La non-contribution aux charges du mariage, par exemple, est une cause valable de séparation. L'époux lésé produira des factures, des relevés bancaires ou encore des contrats de prêt afin de démontrer que l'autre a procédé à des dépenses non nécessaires à l'entretien du ménage. Le but consiste à établir qu'une telle gestion financière s'est faite au détriment des charges du mariage, mettant ainsi le couple en difficulté.

1. Article 203 du Code de procédure civile.

Confronté à une situation d'adultère, le partenaire trompé fournira là encore des traces de paiement : factures d'hôtel ou de train, tickets de caisse prouvant l'achat de bijoux, réservations de restaurant pour deux personnes… Notez que le recours à un détective privé est admis, tant que les méthodes employées ne contreviennent pas au principe de loyauté évoqué plus haut. Cette solution a néanmoins un certain coût, qui s'accroît à mesure que l'enquête dure : il est donc recommandé de solliciter un devis en amont, puis de définir précisément la durée et l'objet de la mission.

Enfin, précisions que les enregistrements audio ou vidéo ne sont recevables que dans l'hypothèse où l'interlocuteur a conscience d'être enregistré. Poser un micro sans le consentement de son partenaire constitue une atteinte à sa vie privée, et n'est donc pas un mode de preuve acceptable. Dans le cadre des violences conjugales en matière pénale, cela est toutefois admis.

Peut-on obtenir des dommages et intérêts en cas d'adultère ?

Un époux capable de démontrer la ou les fautes commises par son partenaire, ainsi que le préjudice qui en découle, se verra légitimement octroyer des dommages et intérêts. Ce mécanisme s'applique-t-il aux situations d'infidélité, qui, à en croire les statistiques, sont extrêmement fréquentes ?

Contrairement à une idée répandue, l'adultère n'est pas une cause automatique de divorce pour faute, à moins de répondre à des circonstances précises. En premier lieu, il faut évidemment que les deux parties soient mariées[1] : les concubins et partenaires de Pacs ne sont pas concernés par le devoir de fidélité, ce qui leur retire la possibilité de solliciter des dommages-intérêts en cas d'adultère.

Le versement de dommages et intérêts suppose par ailleurs, comme nous l'avons souligné à plusieurs reprises, de démontrer que l'on a subi un préjudice, souvent d'ordre moral, et que ce préjudice trouve sa source dans la faute – en l'espèce, l'infidélité. Un certificat médical, des témoignages de proches ou d'autres éléments de preuve sont donc nécessaires.

Enfin, rappelons que le montant des éventuels dommages et intérêts versés dépend notamment de l'état de fortune de la partie fautive : il n'existe aucun barème préétabli permettant de calculer avec certitude la somme octroyée par le juge. La partie lésée doit faire une demande chiffrée par ses soins, laquelle sera acceptée ou non.

Combien de temps dure une procédure de divorce ?

Les couples empêtrés dans des procédures de divorce douloureuses sont généralement pressés d'en finir, même s'il arrive que certains cherchent à « faire

1. Article 212 du Code civil.

traîner » les choses pour différentes raisons. Naturellement, un divorce par consentement mutuel et en l'absence d'enfants, où les époux sont de bonne volonté dans la négociation, trouvera sa conclusion beaucoup plus vite qu'une séparation contentieuse où le moindre détail suscite une objection de l'une ou l'autre partie.

Notons que c'est parfois l'aspect purement administratif du divorce qui prend du temps : même lorsqu'elles sont de bonne volonté, il arrive que les parties mettent plusieurs mois à remettre les documents requis, notamment l'extrait d'acte de naissance, l'acte de mariage et le contrat de mariage s'il existe. Les actes doivent être datés de moins de trois mois lorsque les époux sont nés en France : ils sont à réclamer directement auprès de la mairie concernée, ou encore en ligne, sur le site service-public.fr.

Depuis 2017, il n'est plus nécessaire – sauf exception – de solliciter un juge aux affaires familiales pour un divorce par consentement mutuel. À la réception de tous les documents, les avocats rédigent une convention de divorce qu'ils adressent aux époux par lettre recommandée avec accusé de réception, avec un délai de réflexion de quinze jours. À l'issue de ce délai, les époux et leurs avocats signent la convention qui est alors adressée au notaire désigné par le couple pour enregistrement, moyennant des frais de 49,44 euros. Une telle procédure peut être rapide, mais encore faut-il que les époux soient d'accord sur l'ensemble des conséquences de la séparation : de l'usage du nom de famille à la résidence des enfants en passant par le montant de la pension alimentaire et de la prestation compensatoire, nombreux sont les paramètres à prendre en compte. Un seul point de désaccord suffit à empêcher la signature d'un divorce amiable, si bien que même des dossiers en apparence simples donnent parfois lieu à des négociations de plusieurs mois entre les avocats des deux parties avant qu'un accord se dessine. En cas d'échec des négociations, le couple envisagera une issue contentieuse devant le juge aux affaires familiales afin de trancher sur les points de divergences.

Le passage devant le juge se scinde en deux étapes : la première audience a pour but de définir les mesures provisoires, qui trouvent à s'appliquer uniquement pendant la durée de la procédure. La seconde audience statue quant à elle sur les conditions définitives de la séparation. En France, les délais d'audiencement sont parfois très longs, surtout dans les grandes villes : en règle générale, un divorce ne se règle pas en quelques mois. Si l'une des parties n'est pas satisfaite du jugement rendu par le juge aux affaires familiales, elle peut interjeter appel, ce qui allonge encore la durée de la procédure.

Comment obtenir une résidence alternée ?

En présence d'enfants mineurs, les partenaires souhaitant divorcer doivent s'accorder sur un mode de garde. La « résidence classique » consiste à confier les enfants à l'un des parents l'essentiel du temps, l'autre parent bénéficiant d'un week-end sur deux et de la moitié des vacances scolaires. La résidence alternée, quant à elle, correspond à un partage plus équitable du temps de garde. En constante augmentation ces dernières décennies, elle ne représentait pourtant que 12 % des cas en 2020[1]. Précisons que l'alternance n'est pas toujours d'une semaine sur deux, ni même parfaitement égalitaire : par exemple, les parents peuvent opter pour un rythme de quatre jours chez l'un, puis trois jours chez l'autre.

La résidence alternée est facile à mettre en place de façon amiable lorsque les parents ont des souhaits concordants. La rédaction d'une convention parentale suffit pour les parents ex-concubins, ex-partenaires de Pacs ou ex-époux ; homologuée devant un juge aux affaires familiales, celle-ci aura la même valeur qu'un jugement. En cas de désaccord, le parent désireux d'instaurer une résidence alternée devra obligatoirement saisir le juge, qui prendra en considération différents critères comme l'âge des enfants, la proximité géographique entre les domiciles des parents ou encore le temps disponible de ces derniers. Rester vivre dans la même ville que son ex-époux afin de faciliter les transferts est alors une stratégie courante, tout comme le fait de démontrer qu'on a beaucoup de temps pour s'occuper des enfants.

Les enfants suffisamment âgés capables de discernement peuvent demander à être auditionnés devant le juge aux affaires familiales[2]. Les souhaits exprimés

1. « En 2020, 12 % des enfants dont les parents sont séparés vivent en résidence alternée », Insee Première, n° 1841, www.insee.fr, 3 mars 2021.

2. Article 388-1 du Code civil.

par des mineurs ne sont pas contraignants pour le juge mais, en pratique, ils sont souvent entendus, malgré le risque d'instrumentalisation de l'enfant par l'un de ses parents. Plus celui-ci est proche de la majorité, plus il sera enclin à exprimer une volonté propre et à décider du lieu de résidence qui lui convient le mieux.

Dans les faits, quoique à titre plus anecdotique, la résidence alternée s'étend aux animaux de compagnie, principalement aux chiens. Prévue de façon amiable, elle sera cependant difficile à fixer par jugement. La pratique n'est en effet pas uniforme en la matière : les animaux restent théoriquement soumis au régime des biens, même s'ils sont considérés comme des « êtres vivants doués de sensibilité »[1]. Avant de statuer sur la résidence de l'animal, le juge prendra en considération plusieurs aspects, notamment son bien-être, la disponibilité des parties, les liens d'attachement ou encore l'aspect financier de la garde.

Faut-il encore se marier en 2025 ?
Le devoir de fidélité a-t-il encore du sens ?

En France, en 2022, 50 % des hommes et 40 % des femmes avaient déjà fait preuve d'infidélité au moins une fois dans leur vie[2] – des statistiques qui ne cessent d'augmenter. Face à ce constat, on est légitimement

1. Article 515-14 du Code civil.

2. https://fr.statista.com/statistiques/656398/francais-ayant-deja-ete-infidele-france/

tentés de se demander si le devoir de fidélité a encore du sens.

Comme nous l'avons vu, le mariage implique diverses obligations et, s'il offre davantage de sécurité que le concubinage ou le Pacs, il est aussi plus contraignant – notamment en ce qui concerne la fidélité. Cela signifie que tout manquement est susceptible d'être sanctionné, même si les sanctions se font en pratique de moins en moins sévères. Les constats d'adultère réalisés autrefois sont d'ailleurs beaucoup moins fréquents de nos jours. Il existe encore des divorces pour infidélité, mais l'époux lésé doit démontrer que la faute a rendu intolérable le maintien de la vie commune, ce qui n'est pas toujours chose aisée[1].

Sachez que des époux décidant de se réconcilier après un acte d'infidélité ont moins de possibilités d'obtenir un divorce pour ce motif. En effet, il sera difficile pour l'époux lésé d'obtenir la séparation et d'éventuels dommages et intérêts puisqu'en pardonnant à l'autre, il aura rendu le préjudice subi moins évident.

Existe-t-il un devoir de fidélité pour les concubins et les partenaires de Pacs ?

Nous l'avons vu, le simple fait de vivre à deux ne justifie pas – du moins, sur le plan juridique – de devoir se plier à un devoir de fidélité. L'adultère n'est donc pas répréhensible, et aucun dommage et intérêt n'est

1. Article 242 du Code civil.

versé entre partenaires de Pacs ou concubins en cas de préjudice. Seuls les couples mariés sont concernés[1], même s'il n'existe là encore pas de caractère automatique au divorce en cas de tromperie avérée. Les concubins sont par ailleurs libres de signer entre eux un document les engageant à être fidèles, mais celui-ci n'aura qu'une valeur morale, et aucune force juridique contraignante.

Violences conjugales : que faire juridiquement ?

Les violences conjugales sont un véritable fléau affectant toutes les tranches d'âge et tous les milieux sociaux. D'ordre physique, psychologique ou économique, elles sont souvent insidieuses, ce qui accroît la vulnérabilité des victimes et rend la décision de partir plus difficile. À cela s'ajoutent souvent des formes d'emprise et de manipulation. On comprend alors les victimes qui déposent une plainte, la retirent, la déposent à nouveau… Certaines restent d'ailleurs en couple avec des hommes déjà condamnés par la justice. Cela prouve que l'accompagnement juridique ne saurait suffire, et doit être complété par une aide médicale et psychologique.

Afin de sortir de la spirale, il convient d'abord d'accumuler le maximum de preuves à l'encontre du partenaire violent : SMS, courriels, notes vocales, photos de traces de coups, certificats médicaux, témoignages…

1. Article 212 du Code civil.

Un nouveau mode de preuve a par ailleurs fait son apparition récemment, sous le nom de « journal intime en ligne » : il s'agit de la plate-forme Mémo de vie, encore méconnue du grand public[1]. Celle-ci permet aux victimes de se confier en ligne en toute confidentialité, et de retranscrire ce qu'elles subissent. Il s'agit d'un outil de réparation émotionnelle susceptible d'être retenu comme élément de preuve devant la justice[2].

Juridiquement, il est pertinent de mener de front une action pénale et une action devant le juge aux affaires familiales : pour cela, il est vivement recommandé de se tourner vers un avocat ayant une expertise autour des violences conjugales. Sur le plan pénal, en plus du dépôt de plainte, un examen dans une unité médico-judiciaire sera nécessaire afin d'évaluer le nombre de jours d'incapacité totale de travail (ITT) associé aux violences subies.

Devant le juge aux affaires familiales, la victime peut solliciter une ordonnance de protection, valable pour une durée de douze mois et renouvelable sous conditions[3]. Cette ordonnance est délivrable même en l'absence de cohabitation, que la personne visée soit le conjoint, le partenaire de Pacs ou le concubin, présent ou passé. Lorsque les enfants du couple sont exposés aux violences, l'ordonnance les protège

1. https://memo-de-vie.org/

2. Bérengère Lepetit, « "J'ai recensé mon quotidien" : Mémo de vie, le journal intime sécurisé des femmes victimes de violences », *Le Parisien*, 24 novembre 2024.

3. Article 515-12 du Code civil.

également, sous certaines conditions[1] : le juge évaluera notamment la vraisemblance des actes allégués et le niveau de danger immédiat qui pèse sur la victime et les enfants.

Il est important de noter que l'ordonnance de protection est envisageable même en l'absence de plainte[2]. Son objectif consiste à fixer diverses mesures relatives aux concubins, époux ou partenaires de Pacs ainsi qu'à leurs enfants : en particulier, elle détermine qui est autorisé à occuper le domicile conjugal. Des mesures de protection complémentaires sont naturellement prévues, dont l'interdiction pour l'auteur des violences de rentrer en contact avec la victime. Ces dispositions ont pour avantage d'être applicables rapidement, l'ordonnance étant rendue dans un délai maximal de six jours à compter de la fixation de la date d'audience[3].

Des dispositifs plus récents de lutte contre les violences conjugales gagneraient à être mieux connus du grand public : c'est le cas du Téléphone grave danger (TGD) et du bracelet antirapprochement. Le TGD est un appareil équipé d'un bouton d'appel d'urgence, et permet à son possesseur de contacter une ligne de téléassistance à tout moment, plus rapidement qu'avec un téléphone classique. Il s'agit d'une sorte de sonnette d'alarme : un téléopérateur évalue la gravité de la situation et demande, le cas échéant, l'intervention

1. Article 515-9 du Code civil.
2. Article 515-10 du Code civil.
3. Article 515-11 du Code civil.

des forces de l'ordre. L'intérêt de cet outil réside en outre dans le système de géolocalisation associé, qui permet une intervention ciblée. Selon un reportage France Info datant de 2020, les victimes recevraient de l'aide en moins de sept minutes[1] – autrement dit, plus vite qu'en appelant le 17. En Seine-Saint-Denis, une étude menée en 2024 a démontré que « beaucoup de vies [avaient] été sauvées grâce au Téléphone grave danger[2] ». Un allié de taille, donc, dans la lutte contre les violences faites aux femmes. En pratique, le TGD est attribué par le procureur de la République aux personnes en situation de menace sans cohabitation avec l'auteur des violences. Il est évident que cette attribution est soumise à l'accord de la victime[3].

Quant au bracelet antirapprochement, il s'agit d'un dispositif complémentaire[4] déclenchant une alarme et l'intervention des forces de l'ordre lorsque l'auteur des violences s'approche trop de la victime. Là encore, le dispositif fonctionne grâce à la géolocalisation. L'attribution du bracelet intervient généralement dans le cadre d'une ordonnance de protection ou sur décision d'un juge pénal. Comme le TGD, il concerne les conjoints, concubins et partenaires de Pacs, présents

1. « Violences conjugales : le Téléphone grave danger pour secourir les femmes en moins de sept minutes », francetvinfo.fr, 8 février 2020.

2. Anthony Lieures, « Féminicides : en Seine-Saint-Denis, "beaucoup de vies ont été sauvées grâce au Téléphone grave danger" », *Le Parisien*, 26 novembre 2024.

3. Article 41-3-1 du Code de procédure pénale.

4. Loi n° 2019-1480 du 28 décembre 2019 visant à agir contre les violences au sein de la famille.

ou passés[1]. Ce dispositif est de plus en plus utilisé : en 2023, le garde des Sceaux estimait à environ 10 000 le nombre d'interventions de police déclenchées par des bracelets antirapprochement. En 2024, on compte près de 1 000 bracelets portés par des femmes – un chiffre encore trop bas au vu du nombre réel des victimes de violences, mais qui tend à augmenter[2].

Insulter une femme dans la rue, est-ce sanctionné ?

Depuis 2018, il existe en France une infraction appelée « outrage sexiste » : celle-ci décrit les situations dans lesquelles une personne, généralement une femme, se voit imposer un propos ou un comportement à connotation sexiste ou sexuelle, et qui l'expose à une situation intimidante, hostile, offensante, ou qui porte atteinte à sa dignité. Les paroles déplacées et les propositions sexuelles insistantes sont par exemple des formes d'outrage. Cette infraction est réprimée par une amende de 1 500 euros.

Depuis le mois d'avril 2023, on parle également d'outrage sexiste aggravé lorsque la personne visée est mineure, qu'elle présente une vulnérabilité connue par l'agresseur, ou encore lorsque l'outrage est commis par plusieurs personnes ou en présence de complices[3].

---

1. Décret n° 2020-1161 du 23 septembre 2020 relatif à la mise en œuvre d'un dispositif électronique mobile antirapprochement.

2. « Violences faites aux femmes : Quel bilan pour les bracelets antirapprochement ? », *20 Minutes*, 1er février 2024.

3. Article 222-33-1-1 du Code pénal.

L'amende encourue s'élève alors à 3 750 euros. Hélas, il existe encore peu de jurisprudences sur le sujet, et les victimes ont de grandes difficultés à prouver les faits, qui se déroulent souvent dans un laps de temps très court.

Peut-on prouver l'existence de harcèlement au sein du couple ?

Le harcèlement au sein du couple concerne toutes les formes d'union, y compris hors mariage, et est susceptible de se manifester de différentes manières : il est tantôt moral, psychologique, sexuel, ou se manifeste par du chantage. Insidieux, il est difficile à identifier par l'entourage, voire par les victimes elles-mêmes. Dans certains cas, il se poursuit au-delà de la séparation : les anciens conjoints, concubins ou partenaires de Pacs sont alors visés par cette infraction.

Concrètement, le harcèlement au sein du couple se caractérise par des comportements répétés qui ont pour conséquence de dégrader les conditions de vie de la victime, entraînant une altération de la santé physique et mentale[1]. Depuis peu, le fait que la victime se suicide – ou tente de se suicider – sous la pression du harcèlement constitue en outre une circonstance aggravante. La difficulté réside néanmoins dans l'aspect probatoire : il faut être en mesure de démontrer

1. Article 222-33-2-1 du Code pénal.

l'existence d'un lien de causalité entre les faits et la détresse de la victime.

Quiconque estime être victime de harcèlement doit en premier lieu, et sans attendre, collecter des éléments de preuve : en droit pénal, la preuve est libre – on pourra fournir des certificats médicaux, des messages, des mails, des enregistrements, des témoignages de proches, des extraits de journal intime ou encore des mains courantes. Concernant ces dernières, sachez qu'elles peuvent être déposées sans que la personne visée en soit informée.

Une fois les preuves recueillies, il est temps de déposer plainte. En parallèle, on peut solliciter une ordonnance de protection, délivrée en cas d'urgence par le juge aux affaires familiales. Au terme de la procédure, et si les preuves sont suffisantes, une condamnation sera prononcée à l'encontre de l'auteur des faits. En France, les condamnations pour faits de harcèlement sont fréquentes, même si les peines de prison ferme restent rares. En juin 2024, une femme de 50 ans a par exemple été condamnée à une peine de quatre mois de prison avec sursis pour harcèlement moral : elle avait envoyé à son époux, avec qui elle était en instance de divorce, 698 mails en l'espace d'un an auxquels s'ajoutaient 20 à 30 SMS par jour, sans compter les appels téléphoniques et les messages vocaux[1].

1. Frédéric Chiola, « 20 à 30 SMS par jour : elle est condamnée pour harcèlement moral sur son conjoint », *Le Dauphiné libéré*, 24 juin 2024.

Peut-on vraiment démontrer le viol ?

Pour être caractérisé, le viol doit faire l'objet d'une double démonstration : on considère ainsi un élément matériel (la relation sexuelle effective) et un élément intentionnel (la conscience d'imposer la relation sans le consentement de la victime). Une personne niant avoir commis cette infraction pourra ainsi soit réfuter la relation sexuelle en elle-même, soit expliquer qu'elle a bien eu lieu, mais que la victime était consentante. En pratique, prouver que la victime ne désirait pas avoir de relation sexuelle représente souvent l'aspect le plus difficile du dossier. Actuellement, des débats sont en cours quant à la nécessité de redéfinir juridiquement le viol, en reconsidérant la notion de consentement – ce que d'autres pays, comme l'Espagne ou la Suède, ont déjà fait[1].

Précisons que, contrairement aux représentations ancrées dans l'imaginaire collectif, le viol est commis dans près de 90 % des cas par une personne proche de la victime, et pas par un inconnu croisé dans la rue en pleine nuit – ce qui explique que beaucoup de victimes ne déposent pas plainte. S'ajoutent à cela le sentiment de honte, la peur de ne pas être cru, ou encore le sentiment que le viol conjugal, par exemple, ne sera pas pris en considération par la justice. De fait, le nombre de plaintes pour viol classées sans suite est

1. « Suède : la loi renforçant le rôle du consentement dans les rapports sexuels entre en vigueur », *Le Monde*, 1er juillet 2018.

très élevé – on l'estime à 90 %, généralement en raison d'un manque de preuves[1].

Certaines victimes ne trouvent le courage de parler que longtemps après les faits, en raison du traumatisme subi. Des avancées juridiques viennent aujourd'hui contrer ce phénomène, notamment l'allongement du délai de prescription[2], même s'il est difficile de fournir des preuves lorsque des années ont passé, voire des décennies.

Enfin, lorsqu'il est trop tard pour se défendre sur le plan pénal, il reste possible d'agir sur le plan civil[3] : en effet, le Code civil prévoit que la prescription se calcule « à compter de la consolidation du dommage », autrement dit à partir du moment où l'état de santé de la victime est fixé[4].

Le viol suppose-t-il l'usage de la force ?

Le viol est une infraction d'ordre criminel qui correspond à une pénétration sexuelle commise sous la violence, la menace, la contrainte ou la surprise[5]. Il n'est donc pas nécessaire, pour caractériser le viol, que

1. « Le traitement judiciaire des violences sexuelles et conjugales », Institut des politiques publiques, 2024.
2. Loi n° 2018-703 du 3 août 2018 renforçant la lutte contre les violences sexuelles et sexistes.
3. « Agressions sexuelles : une première condamnation après le délai de prescription », *Le Figaro*, 29 novembre 2022.
4. Article 2226 du Code civil.
5. Article 222-23 du Code pénal.

l'auteur des faits emploie la force physique : le cœur du sujet est plutôt l'absence de consentement. La menace, quant à elle, est d'ordre psychologique, ce qui la rend plus difficile à prouver. Quant à la surprise, elle existe sous diverses formes : par exemple, on la retiendra si l'auteur des faits usurpe l'identité et les caractéristiques physiques de quelqu'un d'autre afin d'obtenir des relations sexuelles. Cela s'est vu dans une affaire où un homme, actif sur les sites de rencontres, nouait des relations virtuelles avec des femmes qu'il invitait ensuite chez lui. Sur son profil, il se décrivait comme « un homme paraissant âgé d'une trentaine d'années, au physique athlétique et très avantageux ». En réalité, les photos utilisées étaient celles d'un mannequin trouvées sur Internet. Lors de la première rencontre, l'auteur des faits demandait aux femmes de se bander les yeux, de se dévêtir entièrement et de le rejoindre dans son lit. Il les attachait ensuite avec leur accord, avant d'avoir avec elles une relation sexuelle consentie. Après l'acte, les femmes retiraient le bandeau – et découvraient que leur partenaire ne correspondait en rien aux photos publiées sur le site de rencontres : il s'agissait au contraire d'« un vieil homme à la peau fripée et bedonnant ». Dans le cadre du procès qui lui a été intenté, l'homme a lui-même reconnu que, sans ce stratagème, il n'aurait pas pu avoir de relations sexuelles avec les femmes concernées[1].

1. Cour de cassation, chambre criminelle, 23 janvier 2019, n° 18-82.833, FS-P + B.

Un autre procès emblématique est celui de Dominique Pélicot, accusé d'avoir drogué son épouse aux anxiolytiques avant de la livrer à d'autres hommes. Plus de 50 individus ont été accusés d'avoir violé Gisèle Pélicot alors qu'elle était inconsciente, c'est-à-dire incapable de donner son consentement. Outre l'aspect effroyable des faits, il est surprenant que personne n'ait jugé opportun de prévenir les forces de l'ordre, même de manière anonyme. L'affaire a d'ailleurs éclaté presque par hasard, Dominique Pélicot ayant été arrêté au supermarché parce qu'il cherchait à filmer sous les jupes des femmes[1]. L'agent de sécurité du magasin a enjoint l'une des clientes de déposer plainte. Une fois M. Pélicot au commissariat, le policier chargé de l'affaire a eu la présence d'esprit de fouiller son portable, découvrant alors des photos de son épouse nue et inconsciente. Une perquisition a ensuite permis de découvrir l'ampleur inimaginable des faits, puisque les viols étaient filmés et enregistrés. En décembre 2024, la cour criminelle du Vaucluse a rendu son verdict : tous les accusés ont été reconnus coupables des faits qui leur ont été reprochés. Dominique Pélicot, qui ne fait pas appel de cette décision, a été condamné à une peine de vingt ans de réclusion criminelle pour viol aggravé. Les autres co-accusés ont été condamnés à des peines

1. LP avec Marion Dubreuil, « Procès des viols de Mazan : l'insoutenable description des faits, 92 en neuf ans », rmc.bfmtv.com, 3 septembre 2024.

allant de trois à quinze ans de prison, 17 d'entre eux ont interjeté appel[1].

Pour en revenir à l'élément de surprise, certains actes se situent à cet égard dans une zone grise. C'est le cas du « stealthing », une pratique baptisée ainsi en 2017 et qui consiste, pour un homme, à retirer son préservatif sans le consentement de la partenaire[2]. Évidemment répréhensible, ce comportement est hélas assez répandu et banalisé par ses adeptes. Il est légitime de considérer que le stealthing correspond à un viol par surprise, puisque le consentement a été donné à la condition que le rapport soit protégé. Néanmoins, d'un point de vue strictement juridique, il existe un certain flou, et la jurisprudence ne permet pas de trancher avec certitude sur ce point. La difficulté réside aussi dans la capacité de la victime à prouver que le port du préservatif était une condition déterminante de son consentement, et que le retrait a été fait à son insu.

Présomption d'innocence et « présomption de culpabilité » : le tribunal médiatique doit-il passer avant la justice ?

La présomption d'innocence est un principe cardinal du droit, selon lequel toute personne est présumée

1. LP avec Marion Dubreuil, « Procès des viols de Mazan : qui sont les 17 accusés qui ont fait appel ? », rmc.bfmtv.com, 30 décembre 2024.

2. Pablo Baron, « Qu'est-ce que le *stealthing* pendant un rapport sexuel ? », *Le Point*, 18 mars 2024.

innocente tant qu'elle n'a pas été déclarée coupable de manière définitive par la justice. Or depuis plusieurs années, on voit apparaître dans les médias et sur les réseaux sociaux une forme de « présomption de culpabilité », qui correspond à l'accusation publique d'une personne n'ayant pas été jugée pour les faits qu'on lui reproche. S'opposent alors deux camps : ceux qui soutiennent l'individu mis en cause en vertu de la présomption d'innocence, et ceux qui se rangent derrière la victime potentielle. Ces affrontements, en plus d'être virulents, s'étendent dans la durée – car si le tribunal médiatique est prompt à trancher, ce n'est pas le cas du système judiciaire, qui met généralement plusieurs années à prononcer une condamnation définitive, un non-lieu ou une relaxe. Pendant toute la durée de la procédure, la personne accusée voit sa vie bouleversée et sa réputation ternie, avec des conséquences sérieuses – par exemple, l'impossibilité de trouver du travail.

Certains individus mis en cause publiquement finissent par être innocentés malgré l'emballement des réseaux sociaux, au terme de plusieurs années de procédure.

Dans d'autres cas, l'accusé n'est pas jugé parce que les faits reprochés sont prescrits, bien que très graves : il en est ainsi, notamment, du journaliste Patrick Poivre d'Arvor. Enfin, il arrive que des personnalités publiques écopent de condamnations étonnamment sévères : l'acteur Nicolas Bedos, par exemple, a été condamné en première instance pour des faits d'agression sexuelle à une peine d'un an de prison dont six mois de sursis probatoire, assortie d'une obligation de soins, d'une interdiction d'entrer en contact avec la victime et d'une inscription de son nom au fichier national des auteurs d'infractions sexuelles (Fijais)[1]. Force est de constater que la sanction est bien plus lourde que les peines habituellement prononcées envers des prévenus anonymes pour des faits analogues. Qu'on trouve la sentence trop clémente ou trop dure, le fait que l'accusé soit une personnalité publique a probablement influencé la décision du juge, dans un sens ou dans l'autre.

Enfin, le tribunal médiatique condamne parfois de manière unilatérale : cela a été le cas pour l'acteur Gérard Depardieu. Dans cette affaire, la dimension médiatique a pris une place considérable, avec des affrontements par tribunes interposées[2]. Certains sont allés jusqu'à demander la censure des films dans lesquels a joué l'acteur, alors même qu'il n'y a pas de « peine d'inéligibilité cinématographique »… Que Gérard Depardieu soit coupable ou innocent, on admettra que sa carrière professionnelle a été à peu près anéantie par les médias, qui se sont prononcés sans attendre de véritable décision de justice.

---

1. Christel Brigaudeau, « Nicolas Bedos condamné à 6 mois de prison ferme pour agressions sexuelles : une peine "inédite", vraiment ? », *Le Parisien*, 22 octobre 2024.

2. « Affaire Gérard Depardieu : une "contre-tribune" de 600 artistes appelle à "refuser la banalisation de propos et d'actes tels que ceux" de l'acteur », francetvinfo.fr, 30 décembre 2023.

Voyages et vacances

Peut-on refuser d'aller travailler en période de canicule ?

De nombreux salariés sont concernés par les vagues de canicule qui sévissent de plus en plus souvent en France, en particulier ceux qui travaillent sur des chantiers ou dans des bureaux sans climatisation. En théorie, il n'existe pas de seuil légal de température autorisant un salarié à ne pas se rendre sur son lieu de travail. L'employeur est cependant tenu de tout mettre en œuvre pour protéger la santé de ses employés, par exemple à travers la mise en place de pauses régulières ou la distribution d'eau fraîche en période de forte chaleur.

Lorsque les conditions de travail mettent la santé en péril malgré ces précautions, il convient de consulter les accords ou la convention collective en vigueur afin de s'assurer qu'ils ne contiennent pas de dispositions relatives aux conditions météorologiques. On alertera ensuite l'employeur de la situation, de préférence par écrit, en lui demandant de prendre des mesures complémentaires – il peut s'agir d'une autorisation exceptionnelle de télétravail, lorsque les missions du salarié le permettent.

Dans le cas où l'employeur fait la sourde oreille, il reste la possibilité d'exercer ce que l'on appelle le « droit de retrait ». Il faut pour cela que les conditions de travail représentent un « danger grave et imminent » pour la vie ou la santé du salarié[1]. Notez qu'avant d'exercer son droit de retrait, ce dernier doit obligatoirement informer son employeur. Il est également recommandé de consulter un professionnel de santé, afin d'obtenir un certificat attestant des conséquences potentiellement graves des conditions climatiques.

Télétravail : que dit la loi ? Puis-je imposer à mon employeur de m'accorder du télétravail ? Dois-je obligatoirement télétravailler depuis mon domicile habituel ?

Depuis la crise sanitaire du coronavirus, le recours au télétravail est en pleine expansion. La plupart des salariés ont désormais la possibilité, grâce aux outils numériques, d'exercer leur métier en dehors des locaux de l'employeur, lorsque le contenu de leurs missions le permet. Ce mode de travail apporte de nombreux bénéfices : meilleur équilibre entre vie privée et vie professionnelle, absence de temps de trajet, flexibilité

1. Article L. 4131-1 du Code du travail.

et, chez certains, productivité accrue. En revanche, l'un des inconvénients majeurs réside dans l'altération du lien social entre collègues.

Le télétravail n'est envisageable qu'avec l'accord explicite de l'employeur et du salarié[1]. Il est à noter que le salarié doit bénéficier des mêmes droits, qu'il travaille depuis son domicile ou dans les locaux de l'entreprise : par exemple, il n'est pas acceptable de lui retirer ses titres-restaurant sous prétexte qu'il est chez lui. L'employeur veillera également à lui fournir tous les équipements dont il a besoin. D'autre part, les horaires du salarié ne sauraient être amplifiés dans le but de compenser l'absence de temps de trajet ; une surveillance excessive du temps de travail ou de tout autre aspect de la vie professionnelle du salarié par l'employeur serait d'ailleurs abusive.

Aujourd'hui, le succès du télétravail est tel que certains salariés souhaitent le généraliser, voire l'imposer. Or, à moins d'un cas de force majeure ou d'une crise sanitaire, la mise en place de cette pratique nécessite, en principe, l'accord des deux parties[2]. En revanche, si un accord ou une convention collective prévoit un droit au télétravail, l'employeur devra s'y conformer. En tant que salarié, l'idéal est de faire inscrire une clause à ce sujet dans son contrat de travail, ou de rédiger un avenant prévoyant le nombre de jours de télétravail autorisés par semaine. À défaut, le télétravail ne peut

1. Article L.1222-9 du Code du travail.
2. Article L.1222-11 du Code du travail.

pas être considéré comme un droit absolu. *A contrario*, il arrive que des entreprises poussent leurs employés à travailler exclusivement depuis leur domicile, par manque de place dans les locaux ou pour d'autres raisons : le refus d'un salarié face à cette organisation n'est pas un motif justifiant une rupture de son contrat de travail.

Enfin, concernant le lieu de télétravail, précisons que le salarié est en principe libre de s'établir où il le souhaite, tant que son travail est correctement effectué. Néanmoins, ce droit est facile à encadrer par une charte ou un accord collectif précisant que les salariés doivent obligatoirement travailler depuis leur domicile habituel. L'employeur arguera par exemple qu'en cas d'urgence, ces derniers doivent pouvoir se rendre sur le lieu d'exercice professionnel. En pratique, les employeurs restent néanmoins flexibles quant au cadre dans lequel le télétravail est exercé, si bien que certains employés n'hésitent pas à travailler depuis l'étranger. Attention au décalage horaire lors des réunions à distance !

Airbnb : a-t-on encore le droit de louer ses biens immobiliers ?

Les plateformes comme Airbnb permettent aux propriétaires de louer leurs biens immobiliers sur de courtes durées, sans subir les contraintes d'une location classique. En effet, les risques d'impayés sont moindres puisque les locataires règlent à l'avance. Cela dit, le risque de voir son logement dégradé existe toujours, et le grand nombre de locataires différents se succédant dans le logement ne fait que multiplier les difficultés. Les autres résidents de l'immeuble ont tendance à se plaindre des nuisances, notamment sonores, dues au passage incessant d'inconnus dans les parties communes.

Face à ce constat, la location de meublés touristiques est de plus en plus encadrée, et les plateformes doivent se conformer à des règles devenues très restrictives. Celles-ci varient en fonction des zones : par exemple, dans les grandes villes comme Paris, Lyon, Marseille ou Bordeaux, il est obligatoire de déclarer son logement à la mairie avant la mise en location – une démarche simple, réalisable en ligne. Un numéro d'enregistrement est alors communiqué, et devra obligatoirement être mentionné dans l'annonce.

D'un point de vue financier, les locations touristiques sont très avantageuses, mais la durée doit aussi être prise en compte. Dans certaines villes, il est interdit de louer sa résidence principale plus de quatre-vingt-dix jours par an. Concernant les résidences secondaires, il est nécessaire selon les zones de solliciter une autorisation de changement d'usage auprès de la mairie : généralement, une compensation financière est demandée. Ces mesures rebutent souvent les propriétaires et certains choisissent de s'en dispenser, prenant alors le risque d'être sévèrement sanctionnés. À Paris, des contrôles sont opérés pour vérifier que les propriétaires inscrits sur Airbnb sont bien en règle : les amendes sont de plus en plus fréquentes et de plus en plus lourdes. Entre 2021 et 2023, leur montant total dans la capitale a atteint 6,5 millions d'euros[1].

Précisons qu'au sein d'une copropriété, le règlement peut interdire purement et simplement les locations de courte durée. En cas d'acquisition d'un logement dans le but de louer celui-ci sur Airbnb, mieux vaut donc vérifier ce point avec attention : si le règlement est hostile aux locations touristiques, la seule solution consiste à solliciter un nouveau vote de l'assemblée générale pour obtenir la levée de la clause concernée à la majorité des voix. En pratique, il sera difficile de convaincre les voisins d'accepter les nuisances associées. Le syndic, obligatoirement prévenu de l'intention de mettre un bien en location, peut lui aussi s'y opposer.

Dans un souci de sécurité, tout bien proposé sur Airbnb doit de préférence faire l'objet d'une assurance spécifique aux locations de courte durée : en cas de dégâts, l'assurance de la plateforme n'indemnise les propriétaires qu'en partie. Précisons en outre qu'il sera bientôt interdit de louer des « passoires thermiques », même sur des locations de courte durée. Depuis janvier 2025, les logements dont le DPE est classé G sont concernés, puis ceux classés F en janvier 2028, et enfin ceux classés E à partir de 2034. En revanche,

1. « Airbnb à Paris : 6,5 millions d'euros d'amendes infligés aux propriétaires depuis 2021 », *Les Échos*, 7 août 2023.

les résidences principales et l'outre-mer ne sont pas concernés[1].

D'un point de vue fiscal, les revenus issus de la location de biens en Airbnb sont soumis à l'impôt et doivent être déclarés. Les avantages fiscaux associés ont été réduits par la loi « anti-Airbnb » récemment adoptée, dans le but de juguler la crise du logement actuelle. Il n'est pas certain que cette mesure portera ses fruits, mais la location de courte durée va bel et bien devenir encore plus complexe pour les propriétaires, pour ne pas dire dissuasive[2].

Peut-on sous-louer le logement dont on est locataire ?

En tant que locataire, il est légitime de souhaiter « rentabiliser » le loyer que l'on paie en cas d'absence prolongée : la sous-location apparaît alors comme la solution idéale. Celle-ci ne peut toutefois être mise en place qu'après obtention de l'accord écrit du propriétaire[3]. L'accord doit préciser la durée de la sous-location, ainsi que le montant du loyer pratiqué auprès du sous-locataire. Celui-ci sera nécessairement inférieur ou égal au loyer d'origine, la sous-location ayant pour

1. « Loi du 19 novembre 2024 visant à renforcer les outils de régulation des meublés de tourisme à l'échelle locale », www.vie-publique.fr, 20 novembre 2024.

2. Margaux Fodéré, « "Loi Airbnb" : le Sénat a-t-il raison de vouloir taxer davantage les propriétaires pour résoudre la crise du logement ? », 23 mai 2024.

3. Article 8 de la loi du 6 juillet 1989.

but de limiter les pertes du locataire en cas d'absence, mais pas de lui faire réaliser des bénéfices. Lorsque le sous-locataire omet ou refuse de payer la somme due, cela ne dispense pas le locataire de régler son propre loyer auprès du propriétaire.

Enfin, un propriétaire s'apercevant que son locataire pratique la sous-location sans son accord aura toute légitimité pour demander la résiliation du bail ainsi que des dommages et intérêts.

Réservation : comment ne pas se faire avoir ?

Que l'on utilise une plateforme comme Booking, ou que l'on contacte directement l'hôtel où l'on souhaite loger, les manières de réserver un séjour sont aujourd'hui nombreuses. Il en va de même pour les locations touristiques : les futurs vacanciers ont le choix de se tourner directement vers le propriétaire, ou de passer par une application de type Airbnb. Sachez néanmoins que les plateformes, si elles facilitent la mise en relation, prévoient des conditions extrêmement restrictives pour se dédouaner de toute responsabilité en cas de problème, et sont parfois très difficiles à joindre.

De nouvelles arnaques assez sophistiquées ciblent aujourd'hui les utilisateurs de ces plateformes, même les plus vigilants. Des personnes malveillantes usurpent l'identité d'établissements d'hébergement, et écrivent aux clients qui ont réservé en leur demandant une confirmation du séjour. Le message précise également, et c'est là le cœur de l'arnaque, que la carte bleue utilisée lors de la réservation « n'a pas pu être vérifiée ». La victime reçoit un lien qui la redirige vers l'interface Booking, ce qui endort sa méfiance : or il s'agit en réalité d'une copie frauduleuse du site, où un paiement de vérification lui est réclamé. Une fois l'argent versé, le piège se referme : Booking refuse de procéder à un remboursement, estimant que la fraude n'a pas eu lieu sur son site mais sur une imitation. Quant aux banques, elles ne dédommagent la victime que selon certaines conditions qui varient d'un établissement à l'autre[1].

Il convient donc de redoubler de vigilance : en particulier, n'envoyez jamais vos coordonnées bancaires à quiconque, et vérifiez la validité de l'adresse URL quand un lien suspect vous redirige vers une page web. Hélas, les escrocs ont toujours un temps d'avance, ce qui oblige les victimes à de multiples précautions lorsqu'elles effectuent des achats en ligne, quels que soient les sites ou les applications utilisés.

Location de voitures : comment ne pas se faire avoir ?

La location de véhicule est une solution simple et flexible pour se déplacer sur son lieu de vacances. La réservation se fait généralement à distance et en amont, afin que le client puisse choisir le modèle qui

1. Elisa Hermet, « Locations de vacances : cette nouvelle arnaque sur Booking peut vous coûter cher », *Le Figaro*, 4 juillet 2024.

lui convient et s'assurer de sa disponibilité. Quant au coût, il dépend principalement du véhicule choisi et de la durée de la location. Bien entendu, il faut être titulaire d'un permis de conduire valable, même lorsqu'on loue auprès d'un particulier.

Malheureusement, les arnaques se font de plus en plus nombreuses, gâchant les vacances des usagers. La méthode varie selon les périodes, les pays et le mode de location : parmi les escroqueries les plus répandues, le refus de restituer au client son dépôt de garantie, malgré le parfait état du véhicule, figure en bonne place. Dans ce cas, l'escroc accuse la victime d'avoir causé un quelconque problème technique. Dans la précipitation ou par manque de connaissances, la victime ne songe pas à appeler un expert et n'oppose aucune résistance. Une variante de cette arnaque consiste à ne restituer qu'une partie du dépôt de garantie, en retenant par exemple des frais de « réparation » pour des rayures présentes avant la location. Il est donc recommandé de prendre des photos de l'intérieur et de l'extérieur dès qu'on vous remet le véhicule.

Afin d'éviter les déconvenues, la signature d'un contrat de location après lecture attentive est naturellement un incontournable. Doivent notamment figurer dans ce type de document : les caractéristiques du véhicule, le coût, les dates de location et de restitution, et toutes les informations pertinentes concernant le professionnel qui loue[1]. Lorsque le prêteur est un

1. Article L111-1 du Code de la consommation.

particulier, les recommandations sont similaires. Pensez à prendre en photo le compteur kilométrique ainsi que tous les défauts apparents, sans oublier l'intérieur du coffre.

Face à une arnaque, la première étape consiste à informer la personne fautive, qu'il s'agisse d'un particulier ou d'un professionnel, que l'on est résolu à intenter une action en justice. À ce stade, de nombreux escrocs préfèrent rembourser la victime que prendre le risque d'être poursuivi. À défaut, on effectuera un dépôt de plainte en apportant le plus de précisions possible concernant le *modus operandi*, et en fournissant toutes les preuves en sa possession.

A-t-on le droit de poser une dashcam dans sa voiture ?

Une dashcam, terme que l'on pourrait traduire par « caméra embarquée » ou « caméra de bord », est une petite caméra installée dans un véhicule au niveau du pare-brise ou du tableau de bord. Le but de cet outil est de filmer ce qui se passe sur la route, afin de disposer d'images en cas de litige. En France, il est légal d'utiliser ce type d'appareil – dans d'autres pays, cela nécessite une autorisation spéciale. Le nombre d'automobilistes ayant fait le choix d'en installer une est estimé à 70 000[1].

1. Marie Bouisseren, « En cas d'accident de la route, les dashcams peuvent-elles servir de preuve ? », *Capital*, 5 août 2024.

Les vidéos obtenues grâce à la dashcam ne doivent en aucun cas être utilisées de façon malveillante, et sont soumises au respect du droit à la vie privée. La diffusion d'images sur les réseaux sociaux est par exemple interdite, à moins de flouter le visage des personnes apparaissant dessus[1] ainsi que les plaques d'immatriculation.

Après un accident de la circulation, les images et vidéos, lorsqu'elles sont disponibles, sont utilisées par la justice pour établir la responsabilité, mais aussi par les assurances. Précisons que certaines compagnies d'assurances proposent des ristournes aux clients acceptant d'équiper leur voiture d'une dashcam.

Un hôtel peut-il m'obliger à payer un supplément si je loge avec mon chien ?

Au moment des départs en vacances se pose la question d'emmener ou non son animal de compagnie avec soi. Qu'il s'agisse du trajet ou de l'hébergement, partir avec son chat ou son chien nécessite d'anticiper les choses. Tout d'abord, il est préférable d'avoir avec soi le passeport de l'animal, pour plus de sécurité.

Sachez que les hôtels sont libres de tolérer ou non la présence d'animaux de compagnie, à condition que leur politique en la matière soit clairement mentionnée au moment de la réservation. Un supplément, là encore librement défini par l'établissement, pourra être

1. Article 226-1 du Code pénal.

facturé, l'accueil des animaux étant considéré comme un service additionnel. Cela dit, ces différentes règles ne s'appliquent pas aux chiens guides d'aveugle, dont la présence ne peut être refusée ni faire l'objet d'une facturation supplémentaire.

Si votre chien ou votre chat occasionne des dégâts – tapis abîmé, couverture déchirée... –, votre responsabilité sera engagée, et il vous reviendra de réparer les préjudices subis[1]. Pour des raisons pratiques, il convient néanmoins d'informer préalablement l'établissement de la présence d'un animal.

Punaises de lit : peut-on engager la responsabilité de l'hôtel ?

Nous l'avons vu dans la première partie de cet ouvrage : le nombre de cas de punaises de lit est en pleine explosion, et le tourisme de masse n'y est pas pour rien. Que ce soit dans les hôtels, les logements privés ou encore les cinémas, ces nuisibles particulièrement résistants font vivre un enfer aux personnes concernées. Leur éradication, en plus d'être difficile, coûte jusqu'à plusieurs milliers d'euros.

Si les clients en sont victimes, ils peuvent espérer un geste commercial – encore doivent-ils prouver qu'ils ont réellement été infestés pendant leur séjour, et non pendant le trajet, puisque les punaises de lit se logent aussi dans les trains et les bus. Une action en

1. Article 1243 du Code civil.

justice sera difficilement envisageable à moins d'établir un lien de causalité solide, par exemple s'il est de notoriété publique que l'hôtel en question abrite des punaises de lit, ou si de nombreux clients en sont victimes en même temps. Compte tenu de la prolifération de ces insectes, il n'est pas impossible que des obligations juridiques plus précises soient votées dans les prochaines années.

Canicule : encourt-on une amende si on laisse son chien dans un véhicule ?

En période de forte chaleur, la température à l'intérieur d'un véhicule laissé en plein soleil atteint rapidement les 50 degrés, ce qui représente un réel danger pour tout être vivant. À l'été 2022, un berger malinois de trois ans est par exemple décédé après avoir été enfermé dans une voiture en période de canicule[1]. Laisser son chien dans une voiture dans de telles conditions relève évidemment d'une atteinte à la vie et à l'intégrité de l'animal, ce qui est puni d'une amende de 450 euros lorsque l'acte est involontaire[2], et de 750 euros quand l'intention est malveillante – on parle alors de mauvais traitements[3]. Précisons qu'un tribunal a la possibilité de retirer

1. « Un chien mort de chaud dans un véhicule en plein soleil », www.30millionsdamis.fr, 29 juillet 2022.

2. Article R653-1 du Code pénal.

3. Article R654-1 du Code pénal.

définitivement l'animal à son propriétaire en cas de nécessité.

En dehors des périodes de fortes chaleurs, laisser son animal de compagnie dans la voiture pour une très courte durée n'est pas répréhensible, mais il faut veiller à ce qu'il ait de l'eau et de l'air – l'enfermer dans le coffre est évidemment à proscrire ! En cas de soupçon concernant un animal laissé seul dans un véhicule et qui semble en danger, on alertera les secours – et, en cas de risque imminent, on n'hésitera pas à briser la vitre. Dans l'éventualité où le propriétaire engage des poursuites pour dégradation de son bien, on invoquera l'état de nécessité, prévu par le Code pénal[1].

A-t-on le droit de fumer sur la plage ?
D'y amener son chien ? De bronzer nu ?

Les comportements autorisés sur une plage dépendent du statut (privé ou public) de celle-ci. Ainsi, la plage d'un hôtel ne sera pas régie par les mêmes règles qu'une zone de baignade accessible à tous. Il existe néanmoins des normes de base, valables partout.

En premier lieu, sachez qu'il est interdit d'être nu en public : à la plage comme ailleurs, il s'agit là d'une infraction sanctionnée par une peine allant jusqu'à un an d'emprisonnement et 15 000 euros d'amende,

1. Article 122-7 du Code pénal.

hors circonstances aggravantes – parmi celles-ci, on compte par exemple le fait de s'exposer devant un mineur de moins de 15 ans[1]. En revanche, la pratique du « topless », qui consiste chez les femmes à retirer le haut de leur maillot de bain, est généralement tolérée. Les personnes qui souhaitent se baigner nues se tourneront donc vers des plages naturistes, où elles n'encourront aucune poursuite.

S'agissant de l'alcool et de la cigarette, leur consommation sur les plages publiques est autorisée tant qu'aucun arrêté municipal ne s'y oppose – je rappelle cependant qu'être en état d'ébriété sur la voie publique expose à une amende. Par respect pour les autres, il convient en outre de ramasser ses mégots, ce que certains omettent de faire…

En ce qui concerne les animaux, ils sont les bienvenus sur certaines plages dédiées, tandis que d'autres leur restent interdites d'accès. Notez que les chiens sont parfois tolérés à condition d'être en laisse, ou pendant certains créneaux horaires uniquement. L'idéal est de se renseigner auprès de la mairie quant aux règles en vigueur.

1. Article 222-32 du Code pénal.

Ma valise a été perdue : quels sont les recours ? Comment prouver la valeur des biens qu'elle contenait ?

À tout voyage en avion est associé le risque de voir sa valise perdue, ou restituée avec plusieurs jours de retard. Dans ce cas, plutôt que de rentrer chez soi et de contacter la compagnie aérienne, il convient de se rendre dès l'atterrissage au guichet de l'aéroport afin d'effectuer une réclamation.

Tout produit de première nécessité acheté dans l'attente de la restitution des bagages pourra légitimement faire l'objet d'une demande de remboursement auprès de la compagnie aérienne, sur présentation des justificatifs d'achat. Selon les pays, le délai varie entre quatorze jours (signataires de la convention de Varsovie) et vingt et un jours (convention de Montréal) à compter du moment où la valise a été récupérée : l'information est généralement précisée sur les billets d'avion. La demande est à faire par écrit, et l'on veillera à conserver une copie des justificatifs envoyés. En pratique, les sommes avancées sont souvent faibles, et les personnes concernées renoncent à la demande de remboursement, pourtant facile à mettre en œuvre.

Un bagage sera considéré comme définitivement perdu au terme d'un délai de vingt et un jours suivant la date d'arrivée initialement prévue[1]. Dans ce

1. Bercy Infos, « Bagage perdu, endommagé… La compagnie aérienne vous doit des comptes ! », www.economie.gouv.fr, 14 juin 2024.

cas, le passager lésé est en droit de solliciter le remboursement de sa valise ainsi que des objets qu'elle contenait, sous réserve de ne pas dépasser un plafond de 1 600 euros par personne.

Enfin, dans l'éventualité où les bagages sont récupérés mais endommagés, il faut à nouveau distinguer entre la convention de Montréal et celle de Varsovie[1]. Dans le premier cas, il convient de contacter la compagnie aérienne dans un délai de sept jours à compter de la réception du bagage ; dans le second, le délai est de trois jours. Des preuves de la détérioration du bagage seront fournies sous la forme de photographies, ainsi qu'une preuve d'achat au nom du passager. Comme en cas de perte, il existe un plafond d'indemnisation, qui est de 1 600 euros d'après la convention de Montréal et de 28 euros par kilo selon celle de Varsovie (cela varie en fonction des fluctuations monétaires).

Peut-on engager la responsabilité d'une colonie de vacances en cas de manquement ?

Lorsqu'on prévoit un séjour en colonie de vacances pour ses enfants, certains aléas existent : accidents dans le cadre d'une activité sportive, mauvaise

1. https://www.legifrance.gouv.fr/jorf/id/JORFTEXT000000801353 Convention pour l'unification de certaines règles relatives au Transport aérien international, signé à Varsovie, le 12 octobre 1929 (convention de Varsovie).

entente avec les autres enfants inscrits, faits de violence ou d'agression sexuelle, mauvaises conditions d'hygiène… Quels recours les parents peuvent-ils envisager ?

Face à des violences, des actes de négligence ou des mauvais traitements, il convient en premier lieu de déterminer qui est l'auteur des faits, autrement dit s'il s'agit d'un animateur responsable ou d'un participant mineur. Un animateur se rendant coupable d'infraction verra naturellement sa responsabilité engagée. Les parents déposeront plainte après avoir rassemblé les informations pertinentes auprès de l'organisme et obtenu des éléments de preuve, notamment des témoignages de personnes présentes lors des faits. Or il arrive que les violences émanent d'autres enfants, les animateurs se rendant alors coupables de négligence. En septembre 2024, un enfant de 11 ans est par exemple revenu de colonie de vacances avec des bleus sur le corps et le visage. Sa mère a déposé plainte pour violences aggravées, expliquant que son fils avait été persécuté par plusieurs autres enfants : « Ils le réveillaient avec des claques, le frappaient à chaque pause, matin, midi et soir, et ça toute la semaine[1]. » Bien entendu, elle a également dénoncé l'inaction des animateurs, auxquels son fils se serait plaint en vain. Dans cette configuration, les enfants violents peuvent être convoqués devant un juge des

1. « Somme : La colonie de vacances vire au cauchemar pour un enfant de 11 ans, sa mère porte plainte », 20minutes.fr, 2 septembre 2024.

enfants, tandis que les animateurs n'ayant pas assisté la victime sont poursuivis. Il convient néanmoins de préciser que, dans l'exemple ci-dessus, la mère de l'enfant a retiré sa plainte en apprenant que les animateurs impliqués avaient reçu des menaces de mort à la suite de sa dénonciation[1]. On mesure ici les dérives des dénonciations et menaces en ligne.

Concernant les accidents, l'organisateur de la colonie de vacances a un devoir de surveillance et de sécurité envers les enfants qui lui ont été confiés. Toute faute à cet égard engagera sa responsabilité. Les colonies ont par ailleurs l'obligation de souscrire une assurance responsabilité civile : en cas d'accident, les parents se tourneront vers la compagnie d'assurances concernée afin d'être dédommagés. Il leur faudra fournir tous les justificatifs à leur disposition, notamment les certificats médicaux relatifs à l'état de santé de leur enfant à la suite de l'accident. Précisons qu'en amont du séjour, il est vivement recommandé aux familles de souscrire de leur côté une assurance accident individuelle.

D'un point de vue pénal, une action est envisageable pour non-assistance à personne en danger, par exemple dans l'hypothèse où un enfant fait face à un péril grave et imminent, et qu'un animateur témoin et conscient du risque s'abstient de l'aider alors qu'il pourrait le faire sans se mettre lui-même danger[2].

1. « J'ai beaucoup discuté avec les enfants » : après le calvaire de Jean, 11 ans, en colo, sa mère décide de retirer sa plainte », *Le Parisien*, 21 septembre 2024.

2. Article 223-6 du Code pénal.

Les enfants peuvent-ils passer leurs vacances chez leurs grands-parents ?

Pendant les week-ends et les vacances scolaires, il est fréquent que des petits-enfants passent du temps avec leurs grands-parents. Dans les familles unies, ou lorsque les parents sont séparés, mais toujours en bons termes, cela ne pose généralement pas de difficulté. Les choses se compliquent lorsqu'un conflit existe entre les parents et les grands-parents. Dans l'idéal, le différend sera réglé de façon amiable : la médiation, en particulier, permet à de nombreuses familles de restaurer une communication altérée et de trouver une solution qui convienne à toutes les parties.

À défaut d'accord, les grands-parents saisiront, avec l'assistance d'un avocat, le juge aux affaires familiales afin de solliciter un droit de visite et d'hébergement vis-à-vis de leurs petits-enfants, et ce en dépit du désaccord des parents[1]. Le juge prendra en compte l'intérêt supérieur des enfants. Il est à noter que de mauvaises relations entre les parents et les grands-parents ne font pas nécessairement obstacle au droit de visite et d'hébergement[2] ; néanmoins, si le conflit affecte négativement les enfants, celui-ci ne sera *a priori* pas accordé[3]. En pratique, il est d'ailleurs difficile à mettre en œuvre lorsque les parents y sont farouchement opposés. Dans

1. Article 371-4 du Code civil.
2. Cour de cassation, 1re chambre civile, 14 janvier 2009, n° 08-11.035.
3. Cour de cassation, 1re chambre civile, 27 mai 2010, n° 09-65838.

certains cas, le juge fixe à l'avance le lieu des visites, par exemple les locaux d'une association dédiée, ce qui permet davantage de surveillance qu'une visite à domicile.

Lutter contre les cambriolages et l'insécurité

Cambriolage : comment s'en prémunir et être indemnisé ?

En France, plus de 200 000 cambriolages, réussis ou non, ont lieu chaque année. Concrètement, chacun d'entre nous est susceptible de faire face un jour à ce type d'effraction. Les cambrioleurs effectuent parfois des repérages en amont, ou choisissent le logement le moins sécurisé une fois sur place. Quel que soit le mode opératoire, l'expérience est traumatisante pour les victimes, d'autant que dans la majorité des situations, les affaires de vol avec effraction ne sont pas élucidées. Notez que les magasins sont tout aussi concernés que les domiciles de particuliers, en particulier les banques et les boutiques de luxe[1].

Il n'existe hélas pas de méthode parfaitement fiable pour se prémunir des cambriolages. Il convient néanmoins d'adopter des gestes de prévention, en étant

1. « Une boulangerie de Viry-Noureuil victime d'un spectaculaire cambriolage », *L'Union*, 17 mars 2024.

par exemple vigilant sur les modalités de son assurance. On vérifiera scrupuleusement le plafond d'indemnisation, que l'on n'hésitera pas à faire augmenter chaque fois que l'on achète un bien important modifiant à la hausse la valeur globale de ses possessions. Sachez toutefois que les compagnies d'assurances appliquent certaines exceptions : c'est notamment le cas du vol sans effraction. Autrement dit, un assuré qui a laissé sa clé sur la porte ou dans la boîte aux lettres, ou qui oublie de fermer les fenêtres, ne sera pas indemnisé en cas de cambriolage. Les biens laissés dans des parties communes, par exemple un vélo entreposé dans une cour intérieure, ne sont pas non plus pris en charge.

Lorsqu'on trouve son appartement cambriolé, il ne faut toucher à rien. La première chose à faire est de composer le 17, après quoi on déposera plainte contre X dans un commissariat, une brigade de gendarmerie ou en adressant un courrier directement au procureur de la République. L'assurance doit ensuite être informée de l'effraction dans un délai de deux jours ouvrés[1], et recevoir un inventaire précis des objets volés. Chaque déclaration de vol devra être appuyée par une preuve d'achat – si vous avez jeté les factures, pensez à contacter les magasins concernés : certains seront capables de rééditer celles-ci à partir de leur fichier client.

1. Article 113-2 du Code des assurances.

Enfin, après une effraction, il est recommandé de prendre des mesures afin que cela ne se reproduise pas, notamment l'acquisition d'une porte blindée ou la pose de volets.

Comment réagir en cas de homejacking *?*
Quelles sont les sanctions encourues ?

Au cours des dernières années, les cas de *homejacking* – autrement dit de cambriolage en présence des habitants – se sont multipliés. Les malfaiteurs n'attendent plus que le logement visé soit vide mais s'y introduisent à n'importe quel moment, allant jusqu'à ligoter et violenter leurs victimes. C'est ce qu'ont subi les époux Tapie en avril 2021. Bien entendu, les séquelles psychologiques sont alors dramatiques. Cette recrudescence des cas de *homejacking* est d'autant plus inquiétante qu'elle démontre la capacité des cambrioleurs à s'informer minutieusement sur les dispositifs de sécurité en place dans le logement et l'emploi du temps des victimes. L'acte est donc prémédité, et vise généralement des individus au niveau de vie élevé.

Les cas de cambriolages dans des maisons ou des villas de célébrités répondent à la même logique de préméditation. Les personnalités publiques sont ciblées non seulement en raison de leur patrimoine, mais aussi parce qu'il est facile de savoir où elles se trouvent : un journaliste qui présente le journal chaque matin à la télévision ne peut pas être chez lui. De même, les influenceurs qui se filment pendant leurs vacances informent malgré eux les cambrioleurs que leur domicile est vide.

En cas de *homejacking*, les victimes paniquées tentent parfois de se défendre elles-mêmes, surtout si elles possèdent une arme. Cette réaction est compréhensible, mais pour que la légitime défense soit retenue, la riposte doit être absolument nécessaire, et proportionnée à l'attaque subie. Or cela n'a rien d'évident dans le cadre d'un *homejacking*. Il arrive qu'une personne soit mise en examen puis condamnée pour avoir tiré sur un cambrioleur... La victime devient alors coupable !

En France, le taux d'élucidation des *homejackings* est de l'ordre de 40 % – beaucoup plus élevé, donc, que celui des cambriolages classiques[1]. Les victimes en gardent néanmoins de graves séquelles, jusqu'à se « barricader » de peur. En cas de *homejacking*, il faut donc non seulement contacter les forces de l'ordre, mais aussi consulter un médecin afin d'évaluer le nombre de jours d'incapacité temporaire de travail (ITT) – cela sera d'ailleurs proposé au moment du dépôt de plainte.

1. Caroline Politi, « *Homejacking* : "Plus je criais, plus il me donnait des coups..." Le traumatisme durable des victimes », 20minutes.fr, 5 février 2024.

On refuse ma plainte et on me propose une main courante : que faire ?

Régulièrement, des victimes présumées d'infraction affirment que leur dépôt de plainte a été refusé au commissariat. Or, en France, les forces de l'ordre n'ont pas le droit de refuser une plainte, même lorsque le commissariat concerné est territorialement incompétent ou que les faits ne semblent pas caractérisés[1]. Il en va de même des plaintes directement adressées au procureur de la République sur papier libre ou déposées au greffe d'un tribunal.

Il est à noter qu'une main courante n'a pas du tout la même valeur qu'une plainte : il s'agit d'un élément de preuve uniquement fondé sur les déclarations de la personne qui se déplace, et qui n'a pas pour objectif de déclencher une action pénale. Dans l'hypothèse où un policier propose à une victime présumée de déposer une main courante plutôt qu'une plainte, il est recommandé à celle-ci de ne pas céder.

Que faire quand une plainte est classée sans suite ?

Lorsque le procureur de la République reçoit une plainte, plusieurs possibilités s'offrent à lui : engager des poursuites, décider de la mise en œuvre d'une alternative aux poursuites, ou procéder au classement sans

1. Article 15-3 du Code de procédure pénale.

suite. Les raisons d'un classement sans suite peuvent être multiples : preuves insuffisantes, difficulté à qualifier les faits présentés par le plaignant, prescription… Or cette décision sonne souvent comme un couperet pour les victimes, qui estiment n'avoir aucun recours ni espoir de faire reconnaître le tort qu'elles ont subi. De fait, en cas de classement sans suite, le casier judiciaire de la personne visée par la plainte ne sera pas impacté.

Il existe pourtant des recours, notamment l'enclenchement d'une plainte avec constitution de partie civile. Cette solution est également valable lorsqu'on n'a aucune nouvelle de la plainte initiale dans un délai de trois mois suivant le dépôt[1]. Une autre méthode consiste à employer la citation directe, autrement dit à saisir directement le tribunal pour faire citer l'auteur présumé des faits sur communication d'une date et d'une heure d'audience. Cela suppose toutefois de disposer de l'identité de l'auteur présumé des faits. Le but d'une telle manœuvre est de voir l'individu condamné sur le plan pénal, mais aussi d'obtenir réparation du préjudice. Précisons néanmoins que la citation directe requiert technicité et formalisme : il est donc vivement recommandé de se tourner vers un avocat spécialisé en droit pénal. Généralement, une consignation (une somme d'argent permettant de garantir que la procédure n'est pas abusive et qui est restituée en cas de procédure si tel est le cas) est

1. Article 85 du Code de procédure pénale.

demandée. Le montant de la consignation varie en fonction des ressources financières du plaignant, qui doit produire des justificatifs à cet égard. D'autre part, la citation doit être délivrée à la personne visée par un commissaire de justice. Précisons enfin que la citation directe est valable pour les contraventions et les délits, mais pas pour les crimes.

En pratique, lorsqu'une plainte est classée sans suite, on se tournera d'abord vers un avocat spécialisé en droit pénal afin d'évaluer la pertinence de poursuivre ou non l'action.

Peut-on porter plainte en ligne ?

En France, il est désormais possible de déposer plainte en ligne[1] pour certains types d'infractions, notamment les atteintes aux biens : vol, dégradation… Ce système, fondé sur l'identification par France Connect, est sécurisé. Il est demandé au plaignant de remplir une déclaration, laquelle sera ensuite étudiée par un policier ou un gendarme. Selon la gravité des faits, un rendez-vous sera fixé au commissariat ou dans une brigade de gendarmerie pour apporter des précisions.

Les plaintes pour des faits d'escroquerie sont également concernées par le dépôt en ligne, cette fois-ci par le biais du dispositif THESEE (traitement

1. « Déposer plainte en ligne : une démarche simple et plus rapide ! », interieur.gouv.fr, 15 octobre 2024.

harmonisé des enquêtes et signalements pour les e-escroquerie)[1]. Le plaignant veillera à se munir de l'IBAN associé au virement problématique, qui lui sera réclamé lors de la déclaration en ligne.

Il est évident que le dépôt de plainte physique reste valable pour tous les types d'infractions, tout le monde ne disposant pas d'outils numériques adaptés ni des compétences pour s'en servir. Le dépôt en ligne est à comprendre comme une alternative efficace et rapide offerte aux personnes qui ne souhaitent pas se déplacer – même si certaines victimes ont besoin de lien humain lorsqu'elles évoquent des faits difficiles. Enfin, précisons que le service de plainte en ligne est gratuit. On se méfiera donc des sites qui réclament un paiement.

Peut-on se promener avec un couteau dans la rue pour se défendre ?

Le port de couteaux ou d'autres types d'arme blanche est malheureusement en pleine expansion, faisant *de facto* exploser le nombre d'attaques. Le but recherché n'est pas toujours l'autodéfense, et beaucoup apportent des lames dans l'espace public à des fins malveillantes.

En principe, retenez qu'il est interdit de porter une arme blanche à moins d'avoir un motif légitime. Sur le plan juridique, la crainte d'une éventuelle agression ne

1. « La plainte en ligne pour les arnaques sur Internet (THESEE) », masecurite.interieur.gouv.fr, mis à jour le 22 janvier 2025.

constitue pas une raison suffisante pour avoir sur soi une arme de catégorie D, ce qui couvre les couteaux : on s'expose à une sanction pénale allant jusqu'à un an d'emprisonnement et 15 000 euros d'amende[1].

Actuellement, une expérimentation est en cours dans plusieurs villes françaises dont Paris, Nice ou encore Nantes : elle consiste à sanctionner les personnes portant un couteau d'une amende forfaitaire délictuelle d'un montant de 500 euros, et de les inscrire au casier judiciaire – une mesure rejetée par certaines figures politiques[2].

A-t-on le droit d'enregistrer les gens à leur insu ?

Les nouvelles technologies permettent désormais à tout un chacun, au moyen d'un téléphone portable ou d'un autre objet connecté, d'enregistrer des tiers à leur insu. En France, la captation et la diffusion non autorisée de conversations privées sont cependant interdites, puisqu'elles portent atteinte au respect de la vie privée[3]. Le Code pénal prévoit ainsi des sanctions pour l'enregistrement ou la transmission de paroles prononcées à titre privé sans le consentement de l'intéressé : la peine encourue va jusqu'à un an de prison et 45 000 euros d'amende[4] hors circonstances aggravantes.

1. Article L317-8 du Code de la sécurité intérieure.
2. https://questions.assemblee-nationale.fr/q17/17-1081QE.htm.
3. Article 9 du Code civil.
4. Article 226-1 du Code pénal.

Il existe toutefois des exceptions à ce principe, notamment quand l'enregistrement d'une conversation se fait sans consentement mais permet de prouver des faits de harcèlement, de menace ou d'extorsion. Ce mode de preuve est alors recevable devant un juge, surtout s'il constituait la seule façon pour la victime de prouver les faits. Il en va de même dans la sphère professionnelle : en cas de harcèlement, les tribunaux ont admis par le passé l'utilisation d'enregistrements clandestins. Là encore, les juges se sont demandé s'il s'agissait pour la victime du seul moyen de se défendre, mais aussi si la méthode était proportionnée aux torts subis et à l'objectif poursuivi.

Sur ce sujet, la jurisprudence a tendance à s'assouplir en faveur des salariés. En particulier, il a été jugé qu'un employé pouvait légitimement faire usage d'un enregistrement sur téléphone portable sans consentement préalable lors d'une dispute avec son employeur. La Cour de cassation a estimé que la preuve était alors recevable, car « indispensable à l'exercice [du] droit à voir reconnaître le caractère professionnel de l'accident et la faute inexcusable de l'employeur[1] ». Cela dit, la réciproque est vraie : la Cour de cassation a retenu qu'un employeur pouvait également produire en justice un enregistrement audio pris à l'insu du salarié, dans le but de justifier un licenciement pour faute grave[2].

1. Cour de cassation, 2e chambre civile, 6 juin 2024, n°22-11.736.

2. Cour de cassation, assemblée plénière, 22 décembre 2023, n°20-20648.

On retiendra donc qu'enregistrer une personne à son insu est généralement interdit, sauf quand on est victime de faits que seul un enregistrement clandestin permet de démontrer. En outre, rappelons qu'en matière pénale, en revanche, la preuve est libre.

Peut-on être photographié dans la rue sans consentement ?

L'avènement des réseaux sociaux a poussé de plus en plus d'internautes à prendre des photos en extérieur et à les poster en ligne. On comprend cependant que l'idée d'être photographié à son insu ne soit pas toujours appréciée. Sachez qu'une personne majeure, lorsqu'elle est isolée et clairement identifiable sur un cliché, a le droit de donner ou non son consentement quant à la prise et à la diffusion de celui-ci. En revanche, lorsque la photo concerne un groupe de personnes et illustre un événement, par exemple une manifestation, l'obtention des consentements individuels n'est pas requise.

La même règle trouve à s'appliquer en ce qui concerne les personnes mineures : lorsque celles-ci sont photographiées de manière isolée et reconnaissable, le consentement est alors à demander auprès des parents, ou de tout adulte accompagnateur.

Vol au sein de la famille : peut-on porter plainte ?

Dans le cadre de certains conflits familiaux, il arrive que des proches s'accusent mutuellement de vol – bijoux, argent, objets précieux... – et décident d'entamer une procédure pénale. Outre les divorces contentieux, cela prend parfois la forme de querelles fratricides ou encore de litiges entre parents et enfants.

Or il existe en France un principe d'immunité familiale, selon lequel il n'est pas possible de déposer plainte pour vol contre un membre de sa propre famille[1]. Sont concernés par cette immunité les époux, les parents et les enfants, mais aussi les grands-parents et les petits-enfants. On notera que l'immunité familiale n'est donc pas valable entre frères et sœurs. Précisons aussi qu'il existe des exceptions selon la nature de l'objet volé : l'immunité familiale ne s'applique pas aux documents et autres éléments indispensables à la vie quotidienne, par exemple la pièce d'identité ou le titre de séjour.

L'existence d'une immunité familiale sur le plan pénal n'empêche nullement la personne dépossédée d'intenter une action sur le plan civil, ce qui lui permettra le cas échéant d'être indemnisée.

1. Article 311-12 du Code pénal.

Mon logement est squatté : quel recours ?

En rentrant de vacances ou de week-end, les propriétaires ont parfois la désagréable surprise de trouver leur logement occupé. On parle alors de squat, terme qui décrit une situation où un ou plusieurs occupants sont entrés dans un logement par effraction et l'occupent sans intention de partir. Dans une telle configuration, il est primordial de réagir vite et sans attendre la fin de la trêve hivernale, qui ne s'applique pas aux victimes de squat. On évitera cependant de déloger soi-même les squatteurs par la force : nous l'avons vu, cette méthode est interdite et entraîne de lourdes sanctions pénales[1].

Récemment, une modification des textes de loi est venue durcir les peines encourues par les squatteurs. Désormais, cette infraction est réprimée par une peine allant jusqu'à trois ans d'emprisonnement et 45 000 euros d'amende[2]. Bien que ce durcissement soit louable et soulage de nombreux propriétaires, en pratique, la peine maximale n'est que très rarement prononcée – sans compter que les squatteurs sont souvent insolvables.

Face à une situation de squat, il existe schématiquement deux procédures : la première consiste à porter plainte pour violation de domicile, tandis que l'autre, utilisée en cas d'urgence, consiste à saisir directement le juge des contentieux de la protection en référé avec

1. Article 226-4-2 du Code pénal.
2. Article 226-4 du Code pénal.

l'assistance d'un avocat. Le jugement rendu est alors signifié aux squatteurs par le biais d'un commissaire de justice : lorsque ceux-ci n'ont toujours pas quitté les lieux un mois après avoir reçu la signification, le commissaire de justice délivre dans un second temps un « commandement de quitter les lieux », applicable sans délai. En dernier recours, la force publique sera employée.

En cas de dépôt de plainte, il revient au préfet de mettre en demeure les squatteurs de quitter le logement. La décision du préfet est rendue dans un délai de quarante-huit heures à compter de la réception de la demande : tout refus d'expulser les occupants indésirables doit être motivé. Lorsque la décision est favorable, elle est notifiée aux squatteurs qui disposent alors d'un délai de vingt-quatre heures pour quitter les lieux. À défaut, le préfet est libre de solliciter le concours de la force publique sans délai[1].

Quelle que soit la procédure choisie, il sera demandé aux propriétaires de prouver que le logement leur appartient, et qu'il est occupé par une ou des personnes sans droit ni titre sur le bien – je recommande pour cela de contacter un commissaire de justice, qui dressera un constat versé au soutien de la procédure entamée par la suite. En tous les cas, j'insiste sur la nécessité de réagir vite !

1. Loi n° 2023-668 du 27 juillet 2023 visant à protéger les logements contre l'occupation illicite.

Automne :
La rentrée, vers un nouveau quotidien plus serein

L'automne est une saison marquée par de nouveaux départs. Après la pause estivale, la rentrée des classes et le retour au travail soulèvent de multiples interrogations. Pour les élèves comme pour les salariés, cette période est une source potentielle de stress, alimentée par des problématiques récurrentes : redoublements, licenciements, cas de harcèlement…

Lorsqu'un litige émerge, salariés et employeurs doivent trouver un terrain d'entente sans jamais cesser de respecter le droit du travail, qu'il s'agisse de gérer des répercussions d'un éventuel licenciement ou les difficultés d'un retour au travail après une période d'arrêt, par exemple en cas de chômage partiel. De leur côté, les étudiants et leurs familles sont parfois confrontés à des cas de conflit scolaire, de violence ou de discrimination.

Peu de saisons nécessitent à ce point de maîtriser ses droits afin d'anticiper les éventuels problèmes. Les défis qui émergent en automne appellent des solutions juridiques concrètes, listées dans la dernière partie de cet ouvrage. Comment réagir lorsqu'on impose un redoublement à mon enfant ? Quels recours existent en cas de harcèlement à l'école ou sur le lieu de travail ? Que faire lorsque les conditions de travail se dégradent visiblement après la rentrée ?

Enfin, en clôture de cet ouvrage seront abordés quelques aspects essentiels du « *self-defense* juridique », valables en toute saison : faut-il aller en justice quand le préjudice subi semble faible, par exemple pour une facture impayée ? Tout le monde peut-il un jour faire l'objet d'une audition libre ou d'une garde à vue ? Peut-on contester une contravention ? Toutes ces questions du quotidien seront traitées sans détour afin que vous développiez les réflexes adéquats, et je proposerai un tour d'horizon des outils juridiques que chacun est en mesure de mobiliser, qu'ils soient amiables ou contentieux.

Chagrins d'école : comment mettre ses enfants à l'abri ?

Quelles sont les tenues autorisées à l'école ?

Les parents sont en principe libres d'habiller leurs enfants comme ils le souhaitent, mais les établissements scolaires ont la possibilité d'imposer certaines restrictions dans leur règlement. Cela dépend néanmoins de chaque école : il n'existe pas de « code vestimentaire universel » valable dans tous les établissements français, en dehors de certaines règles qui s'appliquent dans l'ensemble de l'espace public – par exemple, l'interdiction de porter une tenue visant à dissimuler le visage[1].

Ces dernières années, des débats quant aux tenues autorisées ont émergé dans les médias. Parfois, c'est l'apparence générale qui est en cause, et pas seulement les vêtements : en 2023, un lycéen de 16 ans s'est ainsi vu refuser l'accès à l'établissement, catholique où il était scolarisé, en raison de la teinture rose

1. Loi n° 2010-1192 du 11 octobre 2010 interdisant la dissimulation du visage dans l'espace public.

qu'il avait appliquée à ses cheveux. Plutôt que d'enjoindre à leur enfant de changer de couleur de cheveux, ou de choisir un autre établissement scolaire, les parents ont déposé plainte par l'intermédiaire de leur avocat. La mère dénonçait notamment, derrière le prétexte de la couleur de cheveux, une discrimination liée à l'homosexualité de son fils. De son côté, l'établissement s'est référé à son règlement intérieur, qui prohibe les « coiffures fantaisistes », et a fermement réfuté toute accusation de discrimination liée à l'orientation sexuelle[1].

Précisons que dans cette affaire, le lycée concerné était un établissement privé : à la différence du secteur public, le cadre de la « vie scolaire » est entièrement régi par le règlement intérieur. Des parents souhaitant laisser leur enfant libre de ses choix vestimentaires auront donc intérêt à privilégier des établissements au règlement souple.

Concernant le port de signes religieux, notamment le voile islamique, la kippa ou les croix chrétiennes de taille excessive[2], ceux-ci sont prohibés dans tous les établissements, qu'ils soient privés ou publics[3]. L'abaya, un vêtement qui ressemble à une robe longue

1. « Valenciennes : un adolescent aux cheveux teints en rose exclu d'un lycée catholique, ses parents portent plainte », *Le Parisien*, 15 décembre 2023.

2. Circulaire du 18 mai 2004 relative à la mise en œuvre de la loi n° 2004-228 du 15 mars 2004 encadrant, en application du principe de laïcité, le port de signes ou de tenues manifestant une appartenance religieuse dans les écoles, collèges et lycées publics.

3. Article L.141-5-1 du Code de l'éducation.

et ample, a également été prohibée récemment par le biais d'une circulaire[1].

L'uniforme scolaire, en vigueur dans certains pays voisins dont l'Espagne et le Royaume-Uni[2], n'est pas d'actualité sur le plan national, bien que des villes comme Nice aient déjà expérimenté sa mise en place dans quelques établissements[3].

Signes religieux à l'école : que dit la loi ?

Depuis vingt ans, le port de signes religieux ostentatoires, c'est-à-dire affichant l'appartenance à une religion immédiatement reconnaissable, sont interdits dans les écoles, les collèges et les lycées publics[4]. Comme nous l'avons vu, cela concerne entre autres le voile, la kippa ou encore les croix de taille importante ; en revanche, une étoile de David discrète ou une petite croix chrétienne seront autorisées. Le but de cette mesure n'est pas d'empêcher les élèves de pratiquer leur religion, mais de maintenir des lieux de neutralité dans l'espace public. De la même façon, les collectivités qui gèrent les cantines scolaires n'ont

1. https://www.education.gouv.fr/bo/2023/Hebdo32/MENG2323654N.

2. Morgane Irsuti, « Code vestimentaire et uniforme à l'école : pourquoi le vêtement fait-il débat ? », radiofrance.fr, 29 août 2023.

3. Nicolas Daguin, « Expérimentation de l'uniforme à l'école : à Nice, quatre écoles déjà "opérationnelles" », *Le Figaro*, 8 décembre 2023.

4. Loi n° 2004-228 du 15 mars 2004 encadrant, en application du principe de laïcité, le port de signes ou de tenues manifestant une appartenance religieuse dans les écoles, collèges et lycées publics.

pas l'obligation de proposer des menus conformes à telle ou telle religion[1]. Les parents qui tiennent à ce que leur culte occupe une place centrale dans la vie de leur enfant ont la possibilité de se tourner vers des établissements religieux privés.

Dans l'école publique, lorsqu'un élève arbore un signe ostentatoire, il lui sera d'abord demandé par l'administration de l'établissement de retirer celui-ci. S'il obtempère, les choses s'arrêtent généralement là. En cas de refus ou de récidive, des sanctions sont prévues, par exemple une exclusion temporaire.

La question du port de signes religieux est cependant extrêmement sensible. Dans certaines affaires, des proviseurs ont cherché à faire appliquer la loi en la matière, mais ont fait face à une telle escalade de tensions qu'ils ont dû quitter leurs fonctions. En février 2024, le proviseur d'un lycée parisien a par exemple demandé à une élève de retirer son voile, ce qui lui a valu d'être menacé de mort[2]. Le frère d'une élève de l'établissement a notamment écrit sur les réseaux sociaux : « Il faut le brûler vif, ce chien[3] ». Pour sa propre sécurité, le proviseur a quitté ses fonctions de manière anticipée avant de partir à la retraite. Nous

1. « La laïcité à l'école », mallettedesparents.education.gouv.fr, 28 février 2020.

2. Victor Mérat, « Proviseur du lycée Ravel menacé de mort : trois procès s'ouvrent à partir de ce mercredi », *Le Figaro*, 11 septembre 2024.

3. Louise Sallé, « Proviseur parisien menacé de mort : l'espoir d'un procès qui démontre la "protection effective" de l'État envers les profs », europe1.fr, 2 octobre 2024.

avons donc affaire à une loi parfois difficile à appliquer, et susceptible de mettre en danger ceux qui cherchent à incarner l'autorité.

Harcèlement scolaire : les élèves sont-ils enfin protégés ?

Le harcèlement scolaire est un véritable fléau qui touche chaque année de nombreux écoliers, collégiens et lycéens, conduisant parfois à des suicides. Certaines affaires très médiatisées ont mis en lumière la nécessité d'agir afin d'endiguer ce phénomène : les sanctions prévues par le Code pénal ont ainsi été renforcées[1]. Rappelons toutefois que compte tenu du jeune âge des harceleurs, ces sanctions ont avant tout un but pédagogique.

Les cas où la victime a mis fin à ses jours, ou tenté de le faire font l'objet de peines plus lourdes. En mai 2023, une collégienne de 13 ans, du nom de Lindsay, s'est tuée après avoir été harcelée à la fois au collège et en ligne. La douleur des parents a été aggravée par un cyberharcèlement qui s'est poursuivi même après le décès de leur fille, certains internautes continuant de publier des messages injurieux par l'intermédiaire de comptes anonymes[2]. Dans ce type de dossier, la

1. Article 222-33-2-3 du Code pénal.

2. « Suicide de Lindsay : les parents de la collégienne dénoncent un harcèlement qui "ne s'est jamais arrêté" après sa mort », *Le Parisien*, 5 février 2024.

difficulté consiste à démontrer l'existence d'un lien de causalité entre les faits de harcèlement et le suicide.

Une autre affaire médiatique récente, datant elle aussi de l'année 2023, concerne un jeune garçon du nom de Lucas. Quatre adolescents ont été déclarés coupables de faits de harcèlement à l'encontre de ce dernier par le tribunal pour enfants d'Épinal. Ils ont cependant été relaxés par la cour d'appel, une décision qui a évidemment choqué les parents de la victime[1].

Sachez qu'en situation de harcèlement, il est possible d'intenter une action envers les adultes ayant manqué à leur devoir de surveillance et de sécurité envers l'enfant visé, notamment les professeurs ou le directeur d'établissement. La victime étant généralement mineure, elle sera accompagnée par son représentant légal lors du dépôt de plainte. Comme pour tout dépôt de plainte, on recueillera autant de preuves que possible : captures d'écran de réseaux sociaux, SMS et liste d'appels reçus, attestations de témoins, certificats médicaux…

Un professeur a-t-il le droit d'utiliser l'écriture inclusive à l'école ?

L'écriture inclusive consiste à placer des points suivis de suffixes féminins dans certains mots, afin d'instaurer

1. Arthur Blanc, Jules Hauss, « Suicide de Lucas : les quatre adolescents relaxés en appel des faits de harcèlement », France Bleu Ici Lorraine, 6 novembre 2023.

dans les phrases une forme de « parité linguistique ». Ce mode d'écriture, jugé vertueux par certains mais loin de faire l'unanimité, est accusé par ses détracteurs d'être essentiellement dicté par une idéologie.

Contrairement à ce que plaident un petit nombre d'associations, l'écriture inclusive ne bénéficie d'aucune reconnaissance officielle. Elle est utilisée par une minorité de professeurs pour des raisons idéologiques. Une circulaire sur ce sujet a pourtant établi que les enseignants n'avaient pas le droit de l'employer en classe ni d'exiger qu'elle soit utilisée lors de la rédaction de devoirs[1]. Des parents observant ce type de dérive dans la classe de leur enfant pourront prendre rendez-vous avec la direction de l'établissement ou, à défaut d'être reçus, directement avec le rectorat. Avant d'en arriver là, il est bien sûr souhaitable de tenter d'abord une approche amiable en contactant le professeur ; au besoin, on lui rappellera l'existence de la circulaire en question.

L'enseignant de mon enfant tient des propos problématiques sur la religion, la politique, ou fait preuve d'intolérance : que faire ?

La plupart des parents s'attendent à connaître des différends avec les professeurs de leurs enfants autour de la notation, du contenu des cours dispensés, de la tenue de la classe ou encore des sanctions pratiquées.

1. Circulaire du 5 mai 2021.

Or certains problèmes s'étendent au-delà du cadre strictement académique : c'est le cas lorsque le professeur tient devant sa classe des propos à caractère politique, relevant du prosélytisme religieux, racistes ou encore homophobes. Une telle attitude a évidemment de quoi alerter, mais il convient de prendre malgré tout le temps de la compréhension : sur des sujets aussi délicats, l'enfant qui rapporte les propos problématiques a parfois mal interprété ce qu'il a entendu. La prudence invite alors à contacter d'autres parents d'élèves afin de vérifier que les différentes versions sont concordantes.

Une fois les doutes confirmés, il est pertinent de prendre rendez-vous avec l'enseignant en question, en présence ou non du professeur principal. On expliquera que les propos rapportés sont inappropriés, et que plusieurs élèves sont prêts à en témoigner. En l'absence de dialogue constructif, on se tournera ensuite vers la direction de l'établissement, soit de vive voix, soit au moyen d'un courrier détaillé et corroboré par des témoignages. En parallèle, on signalera les faits à l'inspection académique.

En fonction de la nature des propos tenus, par exemple si ceux-ci relèvent de la discrimination ou de l'incitation à la haine, on envisagera éventuellement de déposer plainte – encore une fois, cela nécessite d'être en possession d'éléments de preuve. Le défenseur des droits peut également être saisi, en ligne ou sur papier libre envoyé par courrier (il n'est pas nécessaire d'affranchir l'enveloppe). En cas de doute, il est conseillé de se rapprocher d'un professionnel du droit.

Peut-on contester un redoublement ?

La décision de faire redoubler un élève intervient après le conseil de classe, et fait l'objet d'un dialogue entre l'établissement, l'élève et ses parents (ou l'élève seul, s'il est majeur)[1]. Du point de vue des parents, les raisons de contester un redoublement demandé par l'établissement sont plurielles : refus de voir l'enfant prendre un an de retard, aveuglement quant à son niveau scolaire réel, crainte d'une influence négative sur sa vie sociale...

En pratique, la marche à suivre pour contester le redoublement dépend du niveau d'enseignement – primaire, collège ou lycée. Avant toute chose, il convient de prendre rendez-vous avec le professeur principal et le chef d'établissement. On évoquera l'ensemble des motivations qui ont incité l'équipe enseignante à orienter l'enfant vers un redoublement. De leur côté, les parents mettront en avant leurs arguments et livreront, le cas échéant, des éléments de contexte : difficultés familiales, volonté de rattraper le retard pendant l'été, problèmes de santé exceptionnels...

Si l'entretien s'avère infructueux, la famille exprimera cette fois son désaccord par écrit, en rappelant

1. Article D331-62 du Code de l'éducation.

explicitement ses raisons. En derniers recours, lorsque l'élève redoublant est lycéen, il est possible de saisir la commission d'appel : la procédure variant d'une académie à une autre, il convient de se renseigner en amont.

Dans le supérieur, l'étudiant étant généralement majeur, il lui revient d'effectuer un recours gracieux ou hiérarchique dans l'hypothèse où la contestation en interne a échoué. Enfin, l'ultime option consiste à saisir le tribunal administratif, ce qui nécessite de se tourner vers un professionnel du droit compte tenu de la complexité et de la technicité de la procédure.

Quelles sont les punitions autorisées au collège et au lycée ?

Chaque établissement possède son propre règlement intérieur, mais il existe des lignes directrices quant aux sanctions autorisées ou interdites. Ainsi, les devoirs supplémentaires, les heures de retenue ou encore la demande d'excuses orales ou écrites sont généralement acceptés. Au contraire, il est inapproprié d'utiliser les mauvaises notes comme levier de discipline, le travail scolaire de l'élève ne devant pas être pénalisé par son comportement. Les punitions collectives ne sont pas non plus tolérées : en cas de problème, il revient à l'enseignant d'identifier les élèves fautifs et de les punir. Bien entendu, les châtiments corporels, aussi minimes soient-ils, sont proscrits.

Tracas juridiques au travail : reprenez la main !

Peut-on refuser d'embaucher un salarié, ou le licencier, parce qu'il porte un tatouage ou un piercing ?

Le nombre de personnes tatouées est en croissance constante depuis plusieurs décennies, et s'élevait en France à une personne sur cinq en 2021.

D'un point de vue juridique, la liberté vestimentaire – qui englobe également les accessoires, les tatouages ou encore la coiffure – n'est pas considérée comme une liberté fondamentale, si bien que des restrictions peuvent lui être apportées. Les éventuels règlements imposés par les employeurs en la matière, sous couvert de protéger leur « image d'entreprise », doivent néanmoins se conformer à un principe de non-discrimination à l'égard des salariés.

Les restrictions seront valables si elles sont nécessaires au bon accomplissement des missions, et qu'elles s'appliquent indifféremment à l'ensemble du personnel. Par exemple, il sera plus difficile de reprocher à un salarié d'être tatoué de manière visible si ce dernier n'a aucun contact avec la clientèle.

En pratique, et selon le secteur professionnel, certains employeurs décident tout de même de ne pas recruter de personnes arborant des tatouages, piercings ou autres signes distinctifs, mais ils évitent de justifier leur refus de cette façon.

Peut-on se voir refuser un emploi à cause de son poids ? De ses orientations politiques ? De son adresse postale ?

Dans le cadre d'un recrutement, il est bien entendu interdit de discriminer un candidat en raison de son appartenance ethnique, de son orientation sexuelle ou encore de caractéristiques physiques (à moins qu'il ne s'agisse d'un critère de recrutement justifié par rapport à l'objectif poursuivi, par exemple dans l'industrie du mannequinat)[1]. De nos jours, la plupart des individus dévoilant en ligne de nombreuses informations les concernant, il arrive que la discrimination ait plutôt pour motif leur orientation politique, leur militantisme ou encore leur appartenance à un syndicat : il est désormais très facile pour les recruteurs d'accéder à de tels renseignements en effectuant quelques recherches simples.

Malheureusement, les personnes victimes de discrimination à l'embauche ont souvent des difficultés

1. Articles 225-1 et suivants du Code pénal.

à apporter des preuves du tort qu'elles ont subi, les recruteurs se gardant bien de mettre en avant l'élément discriminant qui motive leur refus et préférant se cacher derrière un argument quelconque. Il existe néanmoins des méthodes de test de plus en plus précises permettant de savoir si une entreprise donnée pratique ou non certaines formes de discrimination.

Face au risque d'être écarté du processus de recrutement, certains candidats sont prêts à mentir, utilisant par exemple une boîte aux lettres dans Paris pour poster leur CV afin de ne pas dévoiler leur propre adresse postale, située par exemple dans une banlieue sensible.

Précisons que la discrimination ne se limite pas au seul moment de l'embauche : elle est parfois à craindre lors de la répartition des tâches au sein d'une équipe, dans le cadre d'une demande de mobilité interne ou en période de licenciements.

Quelle que soit la forme de discrimination subie, il convient de porter plainte. La peine maximale encourue par l'employeur fautif est de trois ans d'emprisonnement et 45 000 euros d'amende[1] hors circonstances aggravantes. En parallèle, la victime est encouragée à saisir le Conseil des prud'hommes et à alerter le défenseur des droits, en ligne ou par courrier.

1. Article 225-2 du Code pénal.

Peut-on être licencié pour avoir refusé d'assister à un pot de départ ?

La vie en entreprise correspond principalement à des heures de travail imposées, mais laisse parfois la place à des moments plus festifs : pots de départ, déjeuners d'équipe, *afterwork*… En théorie, il est impossible de contraindre un salarié à se rendre à ce type d'événements, les heures de présence associées n'étant pas rémunérées. De la même façon, un salarié ne saurait être sanctionné pour n'avoir « pas joué le jeu », même sans justification[1]. Précisons qu'il en va différemment des événements ayant lieu durant les heures de travail : le salarié ne peut certes pas être contraint à y participer, mais il doit rester à la disposition de son employeur, et percevra alors son salaire normalement[2].

Inversement, une entreprise organisant un événement festif est supposée y convier l'ensemble du personnel, tout manquement à cet égard étant susceptible d'être interprété comme une mise à l'écart, et pris en compte en cas de mise au placard d'un employé, par exemple. Toutefois, la pression de participer à ces moments de convivialité sous prétexte de « s'intégrer » devient parfois trop forte, sans compter qu'une participation financière est souvent sollicitée, qu'il s'agisse d'un cadeau de bienvenue ou de départ à la retraite.

1. Cour d'appel de Pau 20 décembre 2001, n° 00-1622.
2. Cour de cassation, chambre sociale, 8 octobre 1996, n° 93-44.672.

Sur ce sujet, la décision rendue par le Conseil des prud'hommes est très claire : en 2014, un employé a été licencié pour motif d'« insuffisance professionnelle » et de « refus d'adhérer à la valeur fun et pro » de son entreprise. Il a d'abord attaqué cette dernière pour contester son licenciement, sans succès ; c'est finalement après avoir interjeté appel devant la cour d'appel de Paris qu'il a obtenu gain de cause et perçu près de 500 000 euros d'indemnisation. Les deux parties se sont pourvues en cassation, ce qui explique la longue durée de la procédure. Le 9 novembre 2022, la Cour de cassation a annulé le licenciement en argumentant de la façon suivante : « La valeur « fun et pro » en vigueur dans l'entreprise était caractérisée par des pratiques humiliantes et intrusives dans la vie privée, telles que des simulacres d'actes sexuels, l'obligation de partager son lit avec un autre collaborateur lors des séminaires, l'usage de sobriquets pour désigner les personnes et l'affichage dans les bureaux de photos déformées et maquillées[1]. » L'employeur a été reconnu coupable de « violation du droit fondamental du salarié à la dignité et au respect de sa vie privée ».

Les entreprises n'ont donc pas la possibilité de contrôler le temps libre de leurs salariés en les forçant à participer à des séances de *teambuilding*. Cela dit, elles restent capables de sanctionner certains actes

1. Théo Dausce, « Licencié pour ne pas être assez "fun" : un employé obtient gain de cause devant la justice… et 500 000 euros d'indemnisation », *Le Figaro*, 2 février 2024.

se déroulant en dehors du cadre professionnel. Il a ainsi été jugé qu'un salarié violent à l'égard d'un collègue commettait une faute justifiant un licenciement, quand bien même les faits auraient eu lieu en dehors du temps et du lieu de travail[1].

Peut-on être licencié pour une mauvaise blague ?

Si l'humour est autorisé en entreprise, il doit respecter certaines limites. En particulier, les plaisanteries douteuses ayant pour objet un collègue ou l'employeur lui-même sont mal tolérées : dans certains cas extrêmes, les salariés ayant cherché à amuser la galerie ont parfois la désagréable surprise d'être remerciés.

Récemment, un employé d'un centre d'appels téléphoniques ayant reçu un mail annonçant un retard de paie a répondu au moyen d'un GIF représentant Homer Simpson[2]. Le message était destiné au service des ressources humaines. En apparence anodine, cette plaisanterie lui a valu, quelques jours plus tard, une lettre de licenciement pour faute grave en raison de son comportement « non professionnel ». L'employé s'est alors défendu ainsi : « J'ai fait ça pour détendre l'atmosphère. Le service RH nous annonçait un retard dans nos paies. Je voulais juste calmer le jeu alors qu'en fin de mois, à cause de ce retard, j'ai dû faire le choix

1. Cour de cassation, chambre sociale, 8 octobre 2014, n° 13-16.793.

2. Charlotte Rousset, « Licenciement : mon patron peut-il me virer à cause d'une mauvaise blague ? », *Capital*, 22 octobre 2024.

entre mettre de l'essence ou remplir le frigo[1]. » *A priori*, il contestera son licenciement, ce qui est compréhensible – l'accusation de « faute grave » semblant à tout le moins disproportionnée.

Notez que les salariés qui plaisantent entre eux ont le droit au respect de leur vie privée et ne peuvent, en principe, pas être sanctionnés. Dans une autre affaire, le licenciement d'un salarié pour une mauvaise blague d'ordre sexuel a ainsi été annulé, car ce dernier n'avait partagé son humour par mail qu'avec trois de ses collègues, c'est-à-dire en privé, même s'il avait pour cela utilisé son ordinateur professionnel[2].

Il n'existe donc pas de règle absolue concernant l'humour, et on observe que les plaisanteries sont différemment appréciées selon le contexte. En cas de licenciement abusif, il est recommandé d'effectuer un recours devant le Conseil des prud'hommes.

Mon employeur peut-il réduire mon salaire parce que je suis en retard ?

Être salarié implique de respecter certains horaires prévus dans le contrat de travail. Un retard est cependant vite arrivé, et peut avoir de multiples causes : panne de réveil, embouteillages, problèmes familiaux,

1. Stéphanie Forestier, « "Je ne veux pas être viré pour un GIF" : mobilisation autour de Loan, licencié d'un centre d'appels », *Le Parisien*, 18 octobre 2024.

2. Cour de cassation, chambre sociale, 25 septembre 2024, n° 23-11.860.

grèves des transports... Les employeurs sont généralement tolérants vis-à-vis des retards ponctuels. En revanche, lorsque la situation se répète, se pose la question de la retenue sur salaire.

Une retenue pour retard est envisageable quand elle est explicitement prévue par le contrat. D'autre part, elle doit être proportionnée au nombre d'heures « manquées ». Par exemple, un employé arrivant sur son lieu de travail avec une heure de retard ne pourra se voir déduire de son salaire que l'équivalent de cette heure impayée, quand bien même son retard implique qu'il manque une réunion de trois heures. Tout abus est à contester devant le Conseil des prud'hommes. En cas de différend, on pensera à demander à des témoins une attestation prouvant l'horaire d'arrivée, ou bien on s'appuiera sur l'historique de géolocalisation de son téléphone si celle-ci est activée. On adressera alors un courrier recommandé avec accusé de réception à l'employeur afin de démontrer qu'il se trompe sur la durée du retard, et de contester la retenue.

Naturellement, les sanctions encourues sont plus importantes en cas de retards répétés, voire systématiques. Dans un premier temps, le salarié fautif recevra des avertissements : à défaut de corriger son comportement, il s'expose à un licenciement.

Peut-on parler politique et religion au travail ?

La politique, la religion ou encore l'argent sont des sujets souvent présentés comme étant tabou, en particulier sur le lieu de travail. En parler peut créer une situation de malaise au sein de l'équipe ou de l'entreprise. Pour autant, rien n'interdit d'évoquer ces thèmes, dès lors qu'on le fait en respectant la vie privée de ses collègues. De son côté, l'employeur ne saurait exclure un employé en raison de ses convictions politiques ou religieuses.

Sachez cependant que dans certains cas, les entreprises prévoient explicitement un principe de neutralité dans leur règlement intérieur. La liberté d'exprimer ses convictions, qu'elles soient politiques, philosophiques ou autre est donc restreinte dans un contexte déterminé ; les restrictions doivent être « justifiées par l'exercice d'autres libertés et droits fondamentaux ou par les nécessités du bon fonctionnement de l'entreprise et si elles sont proportionnées au but recherché[1] ». Par exemple, dans les métiers de service, il est généralement interdit de manifester ses croyances et convictions devant la clientèle.

Le prosélytisme, quant à lui, est prohibé. Aussi, un employé incitant ses collègues à voter comme lui sera systématiquement sanctionné, à plus forte raison s'il

1. Article 2 de la loi n° 2016-1088 du 8 août 2016 relative au travail, à la modernisation du dialogue social et à la sécurisation des parcours professionnels.

le fait en public, par exemple devant une assemblée destinée à gérer des questions relatives à la vie de l'entreprise.

En dehors de la sphère professionnelle, on est bien entendu libre d'exprimer ses opinions personnelles, y compris sur les réseaux sociaux. Néanmoins, cela ne doit pas nuire à l'image de l'entreprise. On veillera donc à gérer ses publications depuis un compte personnel n'étant pas rattaché à tel ou tel employeur.

Victime de harcèlement moral au travail : comment le prouver ?

Au même titre que la vie scolaire pour les enfants, la vie professionnelle est parfois empoisonnée par des situations de harcèlement moral, psychologique ou encore sexuel. Hélas, les faits sont difficiles à dénoncer, notamment lorsqu'il existe un lien de subordination entre la victime et l'auteur des faits, ou encore dans certaines entreprises où règne une omerta généralisée, entretenue par la peur de perdre son emploi ou de subir des représailles. Gardez cependant à l'esprit qu'un salarié ne saurait être sanctionné pour avoir alerté des tiers sur une situation de harcèlement : au contraire, il est du devoir de chacun de dénoncer ces faits lorsqu'on en a connaissance[1].

En pratique, le harcèlement au travail prend différentes formes : ignorer un salarié en refusant de le

1. Article L1152-2 du Code du travail.

saluer ou de lui adresser la parole, donner des directives incohérentes et faire ensuite des reproches infondés quant à la mauvaise exécution de celles-ci, dénigrer constamment un subordonné, l'isoler des autres personnes de son équipe... À terme, de tels agissements ont des conséquences néfastes sur la santé de l'individu ou du groupe concerné.

Un harcèlement lié à une forme de discrimination, par exemple quant à l'origine ou à l'orientation sexuelle d'un salarié, devra être signalé au défenseur des droits. On rédigera pour ce faire un courrier sur papier libre en relatant les faits, sans nécessité d'affranchir l'envoi. Alternativement, la saisine sera effectuée en ligne, ou auprès d'une permanence de délégués représentant le défenseur des droits. Dans l'idéal, on se munira d'attestations signées de témoins. En parallèle, il est pertinent de prévenir l'inspection du travail ainsi que le comité économique et social de l'entreprise lorsqu'il en existe un.

Lorsque les faits de harcèlement professionnel sont caractérisés, des sanctions sévères sont applicables : sanction pénale vis-à-vis de l'auteur des faits allant jusqu'à un an d'emprisonnement et 15 000 euros d'amende, voire davantage en cas de plusieurs circonstances aggravantes, et sanction éventuelle de l'employeur[1]. Un salarié s'étant rendu coupable de harcèlement s'expose en outre à une mise à pied ou à un licenciement. Avant d'engager une procédure pénale

1. Article 222-33-2 du Code pénal.

devant le tribunal correctionnel, la victime se tournera de préférence vers un avocat. Elle dispose de six ans à compter des faits pour entreprendre cette action, mais il est important d'agir vite afin de produire des éléments de preuve les plus récents possible. Quant au Conseil des prud'hommes, il est à saisir dans un délai de cinq ans.

En pratique, le harcèlement a souvent lieu à l'oral et à huis clos. Parmi les éléments de preuves recevables, on pourra néanmoins tenter de réunir des courriels, des SMS, des attestations sur l'honneur ou encore des certificats médicaux. Les salariés en poste hésitent souvent à rédiger des attestations sur l'honneur par crainte de représailles ; c'est pourquoi il est avisé de se tourner vers d'anciens salariés, plus facilement enclins à témoigner. Enfin, comme nous l'avons vu précédemment, il est délicat d'enregistrer une conversation à l'insu de son interlocuteur, mais pour le Conseil des prud'hommes, cela peut être accepté s'il s'agit de l'unique moyen de preuve à la disposition de la victime.

Employer sans déclarer : quels sont les risques ?

Certains employeurs sont tentés de ne pas déclarer leurs salariés, afin de ne pas payer les charges sociales associées. Parfois, ce sont au contraire ces derniers qui sollicitent un paiement « au noir » de manière à échapper à l'impôt sur le revenu – ce qui, contrairement à une idée reçue, n'exempte pas l'employeur de toute responsabilité. Dans les deux cas, il s'agit bien évidemment d'une fraude. Outre le travail au noir, il existe une forme de travail dite « au gris » qui consiste à ne déclarer qu'une partie de la rémunération versée. Les adeptes de cette méthode pensent prendre moins de risques puisqu'ils s'estiment « partiellement honnêtes ».

Le travail au noir ou au gris est très fréquent dans des configurations où l'employeur est un particulier, et qu'il rémunère par exemple une femme de ménage, un professeur particulier ou une baby-sitter. Les entreprises sont toutefois nombreuses à avoir elles aussi recours à une telle pratique, encourant des sanctions lourdes. En effet, un employeur ne déclarant pas son salarié s'expose à de graves sanctions pénales, allant jusqu'à trois ans d'emprisonnement et 45 000 euros d'amende[1]. En cas de circonstances aggravantes – travail dissimulé en bande organisée, emploi au noir de personnes mineures... –, des peines complémentaires peuvent s'appliquer, par exemple l'interdiction d'exercer l'activité concernée pendant cinq ans. Il existe en outre des risques fiscaux relatifs au non-règlement des charges sociales : l'employeur s'expose à des dettes auprès des organismes sociaux, majorées de manière proportionnelle au retard. En 2022, la plateforme Deliveroo, qui assure des livraisons de repas à domicile, a ainsi été condamnée par le Tribunal correctionnel de Paris à une amende de 375 000 euros pour ne pas avoir

1. Article L8224-1 du Code du travail.

salarié ses livreurs entre 2015 et 2017. Trois dirigeants de la plateforme ont en outre écopé de douze mois de prison avec sursis et de 30 000 euros d'amende[1].

De leur côté, les salariés pratiquant le travail dissimulé sont menacés d'une réduction, voire d'une suppression de leurs droits. À défaut d'être déclarés, ils ne bénéficient pas de protections légales telles que les indemnités en cas de licenciement, les grilles de salaire minimum ou les congés payés. Ne cotisant pas non plus pour leur retraite, ils n'ont alors aucune couverture sociale.

Peut-on poser des questions personnelles lors d'un entretien d'embauche ?

Lors d'un entretien d'embauche, l'employeur pose une série de questions destinées à évaluer la compatibilité du candidat avec le poste à pourvoir. Il arrive hélas que des recruteurs, au lieu de s'en tenir à des sujets strictement professionnels, interrogent les candidats sur leur vie privée. Ces derniers ressentent alors une pression à répondre, de peur que le poste ne leur échappe au moindre signe de réticence.

En théorie, l'employeur n'est pas supposé poser de questions personnelles : confronté à une telle situation, un candidat refusant de répondre sera donc dans son droit. En particulier, on se méfiera des recruteurs trop

1. « Deliveroo renonce à faire appel de sa condamnation pour travail dissimulé », *Le Figaro*, 23 mai 2024.

curieux quant à la situation matrimoniale, à l'orientation sexuelle, à l'état de santé, aux croyances religieuses ou à la volonté d'avoir des enfants prochainement. Il est par exemple interdit de demander : « Quel est le poste occupé par votre conjoint ? », ou encore : « Souffrez-vous d'une maladie qui vous empêcherait d'être pleinement investi dans l'entreprise ? » Seules les questions dont le but est d'apprécier les compétences du candidat ainsi que ses aptitudes professionnelles par rapport à l'emploi convoité sont acceptables[1].

Mon employeur peut-il installer une caméra sur mon bureau et fouiller ma messagerie ?

Sur le lieu d'exercice professionnel, il est possible d'installer une caméra de surveillance à condition de prévenir explicitement les salariés, par exemple au moyen d'une pancarte ou d'une affiche visible par tous. L'employeur devra également effectuer une déclaration auprès de la Commission nationale de l'informatique et des libertés (CNIL). Bien entendu, il est formellement interdit, que les salariés soient informés ou non, d'installer une caméra dans des lieux où cela porterait atteinte à leur vie privée : vestiaires, toilettes, douches, infirmerie, salle de pause… Aussi, la présence d'un dispositif de surveillance doit répondre à un motif légitime, comme la prévention des vols. Il n'est donc pas possible de filmer un salarié dans le seul but de

1. Article L1221-6 du Code du travail.

le surveiller en permanence, une telle méthode étant disproportionnée par rapport aux objectifs poursuivis. Toutefois, dans l'hypothèse où le salarié est soumis à un risque précis (par exemple la manipulation d'argent), on envisagera de poser une caméra de façon permanente, mais celle-ci devra être orientée vers l'activité risquée – en l'occurrence, l'argent manipulé – et non vers le salarié lui-même, afin de préserver au maximum sa vie privée[1].

S'agissant des courriels et autres systèmes de communication comme Teams, l'employeur a par défaut le droit d'examiner les échanges effectués à partir des ordinateurs professionnels de ses salariés, à moins que les messages portent explicitement la mention « personnel » en objet. L'employeur a également la possibilité de demander aux salariés leur mot de passe de session, et d'explorer leur historique de navigation, cela ne portant pas atteinte à leur vie privée. On recommandera donc de ne pas utiliser sa messagerie professionnelle à des fins personnelles, sauf en cas de nécessité.

Puis-je aller sur les réseaux sociaux pendant mes heures de travail ?

De nos jours, la grande majorité des salariés se connectent à leurs comptes personnels sur les

1. https://www.cnil.fr/fr/cnil-direct/question/peut-me-filmer-en-permanence-sur-mon-poste-de-travail.

réseaux sociaux pendant leurs heures de travail. Les employeurs ont le droit d'interdire cette pratique, mais se montrent en général tolérants tant que le phénomène reste ponctuel. Sachez néanmoins que toutes les connexions effectuées sur le temps de travail et avec le matériel de l'entreprise sont présumées être d'ordre professionnel. L'employeur est donc susceptible de consulter les historiques de connexion du personnel à tout moment[1].

Selon les circonstances, un usage abusif des réseaux sociaux sera toutefois sanctionné. Par exemple, la Cour de cassation a validé un licenciement pour faute grave concernant un salarié qui avait cumulé quarante et une heures de connexion Internet pour raisons personnelles sur une durée d'un mois[2]. Précisons que dans ce cas de figure, les juges sont attentifs aux heures de connexion : dans l'hypothèse où le salarié est actif sur les réseaux sociaux pendant la pause déjeuner ou à la fin de sa journée de travail, la décision sera plus clémente[3].

Peut-on me reprocher ce que je publie sur les réseaux sociaux en dehors de mes heures de travail ?

A priori, ce que chacun publie sur les réseaux sociaux à titre personnel relève de la liberté d'expression. Cette

1. Cour de cassation, chambre sociale, 9 février 2010, n° 08-45.253.
2. Cour de cassation, chambre sociale, 18 mars 2009, n° 07-44.247.
3. Cour de cassation, chambre sociale, 26 février 2013, n° 11-27.372.

liberté est cependant encadrée par des limites, dont certaines sont relatives à la vie professionnelle : publier sur une page Facebook des propos injurieux ou outrageants à l'égard de sa hiérarchie, en identifiant clairement son employeur, est passible d'un licenciement pour faute[1]. En l'occurrence, sachez qu'un « mur » Facebook est considéré comme public s'il est accessible aux « amis » ainsi qu'aux « amis d'amis », d'autant que ce type de page a pour objectif de « créer entre ses différents membres un maillage relationnel destiné à s'accroître de façon exponentielle par application du principe "les contacts de mes contacts deviennent mes contacts"[2]. » En revanche, il a été jugé par le passé qu'une salariée publiant des propos problématiques sur un mur privé, c'est-à-dire accessible à ses seuls amis en nombre restreint, n'était pas coupable d'injures publiques[3].

Quoi qu'il en soit, il est vivement conseillé d'être vigilant lorsqu'on s'exprime sur les réseaux sociaux, et de restreindre à ses amis proches l'accès aux propos que l'on publie.

1. Cour d'appel d'Aix-en-Provence, 4 février 2016, n° 14-13125.
2. Cour d'appel de Besançon, 15 novembre 2011, n° 10-02642.
3. Cour de cassation, 1re chambre civile, 10 avril 2013, n° 11-19-530.

Quand faire sa demande de congés payés ?
Que faire en cas d'absence de réponse ?

L'employeur est en droit de refuser une demande de congés payés déposée par un salarié, tant qu'il respecte les dispositions conventionnelles. Cependant, s'il omet de répondre, il n'a ensuite plus la possibilité d'empêcher la personne de partir, et un tel départ ne saurait être qualifié d'abandon de poste.

Sachez également qu'une demande de congés pour cause d'événement familial – mariage, Pacs, naissance, adoption... – sera toujours accordée. La durée fixée par la loi concernant ce type d'absence s'élève à trois ou quatre jours, contre un seul pour le mariage d'un enfant[1]. S'agissant des décès, la durée varie selon le lien de parenté : trois jours pour un conjoint ou un parent, douze jours pour un enfant ou toute autre personne à charge de manière permanente et effective, et quatorze jours dans l'hypothèse où cette personne avait moins de 25 ans ou avait elle-même des enfants. Le congé pour cause de deuil doit être pris dans l'année suivant la date du décès : il convient d'avertir l'employeur par écrit en fournissant un justificatif, en l'occurrence l'acte de décès. Ces journées sont bien entendu rémunérées.

1. Article L3142-4 du Code du travail.

Ma fiche de paie comporte des erreurs, puis-je la faire rectifier ?

La fiche de paie reçue chaque mois par les personnes salariées contient de nombreuses informations importantes, trop souvent négligées. Or il arrive que le document comporte des erreurs concernant le montant du salaire, les charges, les éventuelles primes, les heures supplémentaires… On a alors naturellement le droit de demander la rectification de la fiche de paie. Dans un premier temps, on avertira l'employeur oralement ou par courriel en lui indiquant où se situe l'inexactitude : dans la majorité des situations, cette simple démarche suffit, et le service comptabilité produit une nouvelle fiche qui annule la précédente. À défaut, il est conseillé de matérialiser sa demande par écrit et de l'envoyer par lettre recommandée avec accusé de réception, en expliquant que la demande orale n'a pas abouti. En dernier recours, on saisira le Conseil des prud'hommes et/ou l'inspection du travail[1] en expliquant que malgré les demandes répétées et les erreurs constatées, l'employeur refuse de fournir une fiche correspondant à la réalité du travail fourni.

1. Article L8112-1 du Code du travail.

Puis-je être en couple avec une personne de mon entreprise ?

De nombreuses relations de couple se forment sur le lieu de travail, qu'elles soient officielles ou extra-conjugales. Si certains assument de les officialiser, d'autres préfèrent jouer la carte de la discrétion. Lorsque les deux personnes en couple ont un lien de subordination, elles choisissent généralement de se cacher afin de ne pas attiser les ragots et de ne pas nuire au bon fonctionnement de l'équipe. Dans certains cas, l'une des deux choisit de changer d'entreprise ou de service. Selon une étude menée en 2022, ce type de mobilité concerne un couple sur cinq parmi ceux qui se forment en entreprise[1].

Dans l'hypothèse où les partenaires continuent à travailler ensemble, l'employeur doit s'en accommoder. Ce type de relation ne saurait être interdit par le règlement intérieur, puisqu'il relève de la vie privée, ni justifier aucune sanction ou mutation forcée[2]. En revanche, si une relation amoureuse cause un trouble objectif dans l'entreprise, un licenciement sera envisagé[3]. Il revient alors à l'employeur de démontrer que l'activité est perturbée, par exemple en cas d'insuffisance professionnelle ou de favoritisme manifeste

---

1. Étude réalisée en 2022 par le cabinet de recrutement PageGroup.
2. Article 9 du Code civil.
3. Cour de cassation, chambre sociale, 16 septembre 2009, n° 08-41837 (inédit).

– accorder une prime à son partenaire de façon injustifiée est évidemment prohibé.

Avoir des relations sexuelles sur son lieu de travail est-il passible de sanctions ?

Les relations sexuelles au travail ont toujours existé et sont plus fréquentes qu'on ne le pense. Selon une étude menée en 2018, 35 % des personnes interrogées avaient déjà eu un rapport sur leur lieu d'exercice professionnel et pendant leur temps de travail[1]. De telles relations sont pourtant susceptibles de poser problème, et donnent lieu à des sanctions. Récemment, un salarié a été licencié pour faute grave après avoir eu des rapports avec une tierce personne dans les locaux de l'entreprise et pendant les heures de fermeture, en utilisant le matériel de l'employeur – en l'espèce, des matelas d'exposition dans un magasin de literie[2]. Précisons que cette affaire est toujours en cours, puisque la Cour de cassation a cassé l'arrêt concerné.

Un licenciement est également envisageable lorsqu'un collègue est malgré lui témoin du rapport en question, et subit un choc[3]. Le simple fait d'avoir des relations

1. Étude de l'Ifop réalisée en 2018 pour Online Séduction par questionnaire auto-administré en ligne du 29 au 30 mai 2018 auprès d'un échantillon de 1 009 personnes, représentatif de la population française âgée de 18 ans et plus.

2. Cour d'appel de Douai, 25 juin 2021, n° 19/00958.

3. Cour d'appel de Lyon, 16 novembre 2018, n° 17/05620.

sexuelles dans un lieu public, où dans un espace où l'on risque d'être vu par des tiers, est d'ailleurs constitutif du délit d'exhibitionnisme[1].

Ajoutons cependant qu'un employeur ne peut se fonder sur de simples rumeurs pour présumer que des relations sexuelles ont eu lieu au travail. Colporter de telles rumeurs justifie une sanction disciplinaire[2]. Enfin, il a été jugé qu'un salarié ayant des relations sexuelles en dehors de ses heures de travail, dans une chambre fournie par l'employeur – par exemple à l'hôtel, dans le cadre d'un déplacement professionnel – ne commettait pas de faute[3]. Cela relève de la vie privée, et un licenciement ne saurait être prononcé.

1. Article 222-32 du Code pénal.
2. Cour d'appel d'Aix-en-Provence, 20 février 2007, n° 05-21578.
3. Cour d'appel de Paris, 10 septembre 2009, n° 06/07659.

Sécurité et *self-defense* au quotidien

Faut-il aller jusqu'au procès après avoir subi un faible préjudice ?

En cas de perte modérée, par exemple une facture impayée de quelques dizaines ou centaines d'euros, il est peu fréquent que la personne lésée entame une procédure, le simple fait d'aller en justice coûtant bien plus cher que le montant initialement perdu. Il existe heureusement des solutions avant d'en arriver au tribunal : ma première recommandation est d'effectuer une ou plusieurs relances par courrier de manière amiable. Sans réponse, on enverra cette fois une mise en demeure par lettre recommandée avec accusé de réception, en expliquant qu'à défaut de règlement dans un délai fixé, la voie contentieuse sera envisagée. La plupart des mauvais payeurs règlent leur dette à la réception de la mise en demeure. Une alternative à ces courriers consiste à se tourner vers la médiation ou la conciliation, qui font intervenir un tiers chargé de trouver une issue amiable.

S'agissant de la voie contentieuse, la première option à envisager est l'injonction de payer[1] : il faut pour cela avoir la preuve de la créance et de son montant, par exemple un contrat, un devis validé ou encore un bon de commande signé. Dès que le délai indiqué sur la facture initiale est dépassé, on mettra en œuvre cette procédure dans un délai de deux ans pour les particuliers, et de cinq ans pour les professionnels[2]. Une requête en injonction de payer peut également être déposée auprès du tribunal, accompagnée des pièces justificatives adéquates – la compétence reviendra au tribunal judiciaire si le débiteur est un particulier, et au tribunal de commerce s'il s'agit d'un professionnel. Le juge rendra ensuite une décision par le biais d'une ordonnance portant injonction de payer, sans convoquer la partie adverse. Une fois la décision rendue, l'ordonnance doit être signée par un commissaire de justice puis transmise au débiteur dans un délai six mois. Celui-ci dispose alors d'un mois à compter de la signification pour contester la décision auprès du tribunal. Après ce délai, dans l'hypothèse où aucun paiement n'est intervenu, le commissaire de justice se chargera d'effectuer une saisie afin que le montant de la facture soit réglé.

Concernant les petites créances inférieures à 5 000 euros, il existe une procédure simplifiée[3]. La

1. Article 1405 et suivants du Code de procédure civile.

2. Articles L218-2 du Code de la consommation et L110-4 du Code de commerce.

3. Article L125-1 du Code civil des procédures d'exécution.

partie lésée se rapprochera d'un commissaire de justice et lui communiquera l'identité du débiteur, la preuve de la dette ainsi que la marge de négociation qu'elle est prête à accepter. Le commissaire de justice adressera alors lui-même au débiteur un courrier recommandé lui proposant de participer à la procédure. En cas d'acceptation, un accord lui sera proposé quant au montant et aux modalités de règlement ; en cas de refus ou de non-réponse dans un délai d'un mois, on saisira le tribunal.

Est-ce que tout le monde peut un jour ou l'autre se retrouver en garde à vue ?

La garde à vue a pour effet de priver la personne concernée de sa liberté d'aller et de venir, et de limiter considérablement ses libertés de manière générale. Contrairement à une idée reçue, elle n'est pas réservée aux délinquants : tout le monde est susceptible de se retrouver en garde à vue un jour, par exemple pour avoir causé un accident mortel de la circulation involontairement. La situation est parfois déroutante pour les individus concernés, surtout lorsqu'ils ne sont pas familiers des commissariats. La garde à vue a toutefois une durée limitée, qui dépend de l'infraction reprochée : elle dure en général 24 à 48 heures, et jusqu'à 144 heures au maximum dans certains cas.

En dépit de cette privation de liberté, toute personne placée en garde à vue conserve des droits qu'il convient de connaître. Ceux-ci lui sont rappelés au début de la garde à vue. D'abord, l'individu interpellé a la possibilité de faire contacter l'avocat de son choix – éventuellement un avocat commis d'office[1] –, afin de bénéficier de conseils juridiques et d'être soutenu pendant toute la durée de la garde à vue. Un entretien confidentiel de trente minutes est accordé par tranche de vingt-quatre heures dans une salle prévue à cet effet[2]. Les visites médicales font également partie des droits : un médecin sera en mesure de déterminer si l'état de santé de la personne est compatible avec la garde à vue.

S'agissant de l'entourage, il est autorisé de prévenir ses proches et son employeur[3], ce qui est fortement recommandé afin de ne pas les faire s'inquiéter inutilement. Les longues conversations sont cependant interdites : seule l'information du placement en garde à vue est transmise. D'ailleurs, les proches n'ont droit à aucune entrevue, contrairement à l'avocat.

Pendant les auditions, il existe aussi le droit au silence[4]. Une personne interpellée qui redoute que ses réponses la pénalisent préférera souvent ne rien dire. Les conseils juridiques d'un avocat sont alors précieux quant à l'attitude à adopter pendant les auditions.

Dans les faits, les conditions concrètes de garde à vue varient d'un commissariat à l'autre et d'une période

1. Article 63-3-1 du Code de procédure pénale.
2. Article 63-4 du Code de procédure pénale.
3. Article 63-1 du Code de procédure pénale.
4. Article 63-1 du Code de procédure pénale.

à l'autre, selon l'affluence. Il est toutefois fréquent de se voir attribuer une cellule sale avec des odeurs persistantes. Le fait d'être dépossédé de ses effets personnels et privé de contact avec l'extérieur aggrave alors l'anxiété.

Une fois la garde à vue terminée, plusieurs conclusions sont possibles : un classement sans suite, un rappel à la loi, une convocation à une date ultérieure, ou le renvoi direct vers un tribunal en vue d'une comparution immédiate, sans passage par le domicile – cette dernière option étant envisageable même si la personne conteste fermement les faits, notamment en cas de flagrant délit.

Peut-on aller au tribunal ou en prison pour une contravention ?

Les contraventions sont une catégorie juridique qui couvre les infractions les moins graves, à la différence des délits et des crimes. Elles sont classées selon cinq degrés de gravité. Précisons d'emblée qu'une contravention ne donnera jamais lieu à une peine d'emprisonnement. Toutefois, l'individu concerné devra, le cas échéant, se rendre à une audience devant le tribunal de police. Les sanctions appliquées sont généralement des amendes, dont le montant varie en fonction du degré de gravité. Des peines complémentaires, par exemple la suspension temporaire du permis de conduire, sont parfois prononcées.

En termes de montants, sachez qu'une contravention de première classe est sanctionnée par une amende n'excédant pas 38 euros, tandis qu'une contravention de cinquième classe sera punie d'une amende de 1 500 euros, et de 3 000 euros en cas de récidive[1]. Il convient également de savoir que les quatre premières catégories de contraventions sont souvent sanctionnées par des amendes forfaitaires.

Lors du passage devant le tribunal de police, le recours à un avocat est possible, mais moins utilisé en pratique. Ce tribunal juge les contraventions de cinquième classe, laissant les affaires plus graves au tribunal correctionnel, mais de véritables audiences sont tout de même tenues, avec des conséquences non négligeables.

Au tribunal ou en garde à vue, est-on obligé de prendre un avocat ?

La garde à vue et l'audience au tribunal sont deux moments distincts de la procédure pénale. Lors d'une garde à vue, on est libre de ne pas être assisté par un avocat. Ce choix n'est d'ailleurs pas immuable : certaines personnes interpellées changent d'avis et décident de solliciter le recours à un avocat en cours de garde à vue.

De la même façon, le fait de n'avoir contacté aucun avocat pendant la garde à vue n'empêche pas d'en

1. Articles 131-12 à 131-18 du Code pénal.

engager un plus tard, devant les juridictions. Il est toutefois recommandé de ne pas le faire au dernier moment, le professionnel ayant besoin de temps pour préparer la défense. Certains tribunaux acceptent de renvoyer les audiences à des dates ultérieures dans ce but si un avocat est désigné au dernier moment.

Notez que l'obligation, ou non, d'être accompagné d'un avocat lors d'une audience dépend de la juridiction. Ainsi, en dépit des peines d'emprisonnement que peuvent prononcer les tribunaux correctionnels, il est possible de s'y rendre seul. C'est également le cas du Conseil des prud'hommes. Rien n'empêchera cependant la partie adverse d'être conseillée. Je précise en outre que l'idée de se défendre seul dans l'espoir d'attirer la clémence, voire la pitié de la juridiction est un pari risqué : les juges rendent leurs décisions en se fondant sur des faits et sur les textes de loi, et non sur leurs émotions.

Devant certaines juridictions, les avocats ne sont donc pas obligatoirement présents en première instance. En appel, sauf exception, le recours à un professionnel est en revanche obligatoire, ce qui s'explique par la complexité des procédures.

En cas d'hésitation quant à la nécessité d'être conseillé, il est utile de solliciter une première consultation avec un professionnel avant l'audience, afin d'expliquer sa situation et de déterminer ses besoins. En ce qui me concerne, je ne saurais trop conseiller de se faire assister plutôt que de venir seul. Que l'on soit partie civile ou prévenu, le passage devant une juridiction est un moment bouleversant, et un allié juridique n'est jamais de trop.

Convocation à une audition libre : est-ce grave ?

Une audition libre permet d'interroger quelqu'un en tant que suspect ou témoin dans le cadre d'une enquête concernant une infraction[1]. À la différence de la garde à vue, la personne a certes l'obligation de répondre à la convocation, mais reste libre de mettre fin à l'entretien quand elle le souhaite. Sur place, elle sera informée de la qualification de l'infraction ainsi que du lieu et de la date présumée des faits. Là encore, face aux questions posées, le droit au silence reste valable. À l'issue de l'audition libre seront envisagées différentes solutions : un classement sans suite, une nouvelle convocation à une date ultérieure ou une audience devant le procureur qui décidera d'une alternative aux poursuites ou d'un placement en garde à vue.

Hélas, il existe des arnaques en la matière. Cela peut sembler saugrenu, mais des individus malveillants se font parfois passer pour la police et envoient de fausses convocations relatives à des faits prétendument « très graves », avec une demande d'audition urgente. Ils essaient par là d'obtenir les informations personnelles de leur victime en vue de leur extorquer de l'argent. Plusieurs indices aident à repérer les courriers suspects : invitation précipitée à un interrogatoire par

1. Article 61-1 du Code de procédure pénale.

mail, fautes d'orthographe, insistance sur le caractère urgent de la procédure… La réception d'une convocation par mail doit interpeller, cela ne faisant pas partie des procédés utilisés par la police, qui contacte plutôt les gens par courrier. Face à une telle tentative d'escroquerie, on déposera plainte auprès d'un commissariat ou d'une brigade de gendarmerie[1].

Peut-on accélérer ou ralentir le cours de la justice ?

Parmi les reproches faits à la justice, celui de la lenteur est fréquemment formulé. Paradoxalement, lorsqu'arrive le jour de l'audience, la justice paraît tout à coup expéditive. Par exemple, les divorces contentieux se résolvent parfois après plusieurs années de négociations ; en comparaison d'un tel délai, on comprend que les audiences elles-mêmes semblent très courtes.

Il est à noter que les juridictions manquent de moyens. Les juges sont surchargés de dossiers, ce qui aggrave la lenteur des procédures. Ces conditions de travail ont aussi des conséquences sur les justiciables, les prévenus ou encore les parties civiles, certaines comparutions immédiates durant jusqu'à 2 heures du matin. Il ne s'agit assurément pas d'un cadre optimal, ni pour juger ni pour être jugé…

Précisons que le ralentissement de la justice n'a jamais été un but recherché. Des procédures dites « dilatoires » ayant pour objectif de retarder les choses

1. Article 313-1 du Code pénal.

sont certes utilisées par des individus qui souhaitent repousser la date de leur audience, et donc de leur jugement. Concrètement, il s'agit de multiplier les renvois, en désignant par exemple un avocat la veille de l'audience et en se plaignant ensuite qu'il lui faut du temps pour prendre connaissance du dossier. D'autres stratégies consistent à multiplier les procédures ou demandes d'actes afin de retarder les choses.

Les professionnels du droit, quant à eux, ont plutôt à cœur d'accélérer le cours de la justice. Pour cela, toutes les parties impliquées se doivent d'être organisées, en fournissant notamment les pièces justificatives requises sans délai. Il est également plus facile d'obtenir une « justice accélérée » lorsqu'on est prêt à trouver un accord amiable par le biais d'une médiation. C'est particulièrement vrai pour les divorces. Selon l'adage, « un mauvais arrangement vaut mieux qu'un bon procès » !

Remerciements

Je remercie mon éditeur, Thierry Billard et j'ai une pensée particulière pour Sophie Charnavel qui m'a accueillie dans cette maison.

Pour l'admiration professionnelle et l'amitié que je leur porte ainsi que pour leur soutien sans faille, je remercie mes confrères Me Patrick Maisonneuve, Me Dominique Piwnica et Me Francis Szpiner.

Je salue aussi la mémoire de Me Olivier Cousi et Me Hervé Temime, qui ont apporté leur pierre à l'édifice de ma carrière professionnelle.

Je remercie enfin mes grands-parents de m'avoir permis d'être là où j'en suis aujourd'hui.

Table des matières

Ce livre existe grâce au travail de toute une équipe.

Communication : Caroline Babulle, Solveig de Plunkett, Victoire Brulon, Inès Paulin, Adélaïde Yvert.

Coordination administrative : Martine Rivierre.

Studio : Pascaline Bressan, Barbara Cassouto-Lhenry, Joël Renaudat.

Fabrication : Muriel Le Ménez, Céline Ducournau, Bernadette Cristini, Sophia Paroussoglou, Isabelle Goulhot.

Commercial, relation libraires et marketing : Catherine Lauprêtre, Naïma Ruan, Anne-Laure Heugel, Élise Iwasinta, Armand Jamme, Solenn le Meur, Joséphine Saint-Paul, Aurélie Scart.

Cessions de droits : Elisabeth Stempak, Benita Edzard, Lucile Besse, Sonia Guerreiro, Costanza Corri.

Gestion : Sophie Veisseyre.

Services auteurs : Viviane Ouadenni, Jean-François Rechtman, Catherine Reimbold, Anita Sevenant.

Ainsi qu'à toutes les équipes d'Interforum et d'Editis qui participent à la création, la diffusion et la distribution de ce livre.

Canoros Vehit Canentes

Composition et mise en pages
par Facompo, Montrouge

Imprimé en France par
CPI Firmin-Didot
en avril 2025

N° d'édition : 68385/01 – N° d'impression : 182876